KOHL

Mette Mølbak

KOHL

57 gesunde, knackige und leckere Rezepte aus Dänemark

BUSSECOLLECTION

Originalausgabe:
Kål – 57 sunde, sprøde og lækre opskrifter af Mette Mølbak
erschienen bei Muusmann`forlag, Kopenhagen, Dänemark
Umschlagsgestaltung: Adco Design
ISBN: 978-87-92746-95-5
www.muusmann-forlag.dk

Deutsche Ausgabe:
Kohl – 57 gesunde, knackige und leckere Rezepte aus Dänemark

Übersetzung: Britta Hansen, Kopenhagen
Lektorat: Erika Heinemann, Kopenhagen
Satz: Kernbotschaft Media Group, Bielefeld
Druck: Belvédère Art Books www.TheArtOfMakingBooks.de
ISBN: 978-3-96306-008-3

www.bussecollection.de

INHALT

INTERVIEW:

ALS KIND GAB'S DEN KOHL NUR HÖLLISCH VERKOCHT.

Vor gut 10 Jahren trug Claus Meyer dazu bei, die Neue Nordische Küche auf die gastronomische Weltkarte zu setzen - und damit auch den Kohl, der als einer der Eckpfeiler der Nordischen Küche gilt. Persönlich hatte Claus Meyer viele besondere Erlebnisse mit Kohl.

"Kohl ist ganz einfach mein Lieblingsgemüse. Vor allem gefällt mir, dass fast alle Kohlsorten so schön knackig sind, auch die bittere Note von Kohl sagt mir zu. Kohl hat etwas, was andere Nahrungsmittel nicht haben.
Ob blanchiert oder angeschwitzt hat er diese bittere Note und behält seine etwas grobe Struktur. Dazu kommt ein leicht brennender, etwas senfartiger Geschmack. Ich liebe die grüne Farbe des Grünkohls ebenso wie die Gelbtöne des Wirsings. Auch seine schöne und interessante Textur ist ein Gewinn für viele Gerichte.

Der Kohl, den es bei uns zu Hause gab, war höllisch verkocht. Von daher stammt meine Begeisterung für Kohl also bestimmt nicht. Bei uns gab's geschmorten Grünkohl mit Sahne und karamellisierten Weißkohl. Auch gekochten Rosenkohl hat man mir vorgesetzt. Das war nun so gar nicht mein Ding. Acht Minuten lang gekocht, schmeckte er wie schon mal gegessen.

Ich bereite jetzt schon seit 25 Jahren Kohl zu, aber erst mit Gründung der Nordischen Küche und Noma vor gut 10 Jahren, habe ich mich intensiv mit Kohl beschäftigt. Wir untersuchten, welche charakteristischen Grundnahrungsmittel es hier gibt, die eine besondere Artenvielfalt aufweisen, in die wir uns vertiefen konnten. Kohl gedeiht ausgezeichnet in unseren Breitengraden. Selbst Temperaturen von minus 10° können ihm nichts anhaben. Der Frost muss schon extrem sein, bevor der Kohl aufgibt. Und schon im nächsten Jahr schießt er wieder aus dem Boden. Doch erst als ich am OPUS-Projekt teilnahm (ein Forschungsprojekt, das u.a. das Gesundheitspotenzial der nordischen Grundnahrungsmittelbasis untersuchen sollte, Anm. d. Red.), und wir uns mit the new nordic diet versuchten, wurde ich mir all der qualitativen Eigenschaften bewusst, die Kohl für unsere Gesundheit hat. Kohl enthält unter anderem Senfölglycoside, die vorbeugend gegen Krebs wirken.

Kohl ist ein wesentlicher Bestandteil der Neuen Nordischen Küche. Könnte man eine Röntgenaufnahme von den 200 besten Restaurants in Dänemark machen, würde man jede Menge Kohl auf ihren Menüs finden. In den vergangenen 15 Jahren gab es eine rasante Entwicklung, jetzt steht er ganzjährig auf dem Menü. Ich glaube, die Köche haben erkannt, dass der Kohl genauso eng verbunden ist mit uns und unserer Geschichte wie die Tomate mit den Italienern und Chili mit den Südamerikanern.

Das eben ist ja die Essenz des Kochens: etwas zuzubereiten, das gut schmeckt, wobei das Erlebnis beim Kohl noch eine weitere Dimension hat, da es geradezu epochemachend war. Als ich das erste Mal einen Grünkohlsaft mit Birne und Apfel schmeckte, fand ich das sensationell. Eine superinteressante Dimension für einen ansonsten eher laschen Fruchtsaft. Oder als ich zum ersten Mal Grünkohl anschwitzte, also so volle Kanne in Öl, ohne umzurühren, einfach 30 Sekunden lang drauf los, dann Salz dazu und Wasser, den Deckel drauf, also fast wie Dampfbraten. Das bringt einfach einen Wahnsinnsgeschmack. Man sollte ja glauben, dass es ungenießbar würde, wenn man weiter auf die Bitterkeit des Kohls aufbaut. Auch als ich zum ersten Mal roh marinierten Grünkohlsalat zubereitet hatte, fand ich das umwerfend. So etwas hatte ich noch nie zuvor geschmeckt - so einen rohen Grünkohlsalat. Oder als ich zum ersten Mal eine Suppe kochte, bei der ich den Kohl nur eine Minute mitkochen ließ, sodass er seine schöne Farbe behielt - das war wirklich eine Pracht. Also, auf die Art hatte ich viele unvergessliche Erlebnisse mit Kohl.

Ich habe gerade einen Kohlsalat zu Mittag gegessen. Und gestern gab es Wirsing - sowohl in der Suppe als auch als Rohkostbeilage, und im Moment gibt es wohl keinen Kohl mehr im Haus. Draußen im Garten wächst nur ein bisschen Giersch. Aber das ist die Ausnahme. Ich glaube, ich esse etwa jeden zweiten Tag Kohl. Bei uns zu Hause gibt es da mehrere Klassiker. Als Rohkost mit einem Dressing aus Rapsöl und Balsamessig oder auch mit einem eher asiatischen Dressing. Bauernsuppen, Spitzkohl mit Omas Sahnesoße und Meerrettich, oder auch einfach in Butter gedünsteter Kohl kommen bei uns oft auf den Tisch."

Claus Meyer, Gastronom und Unternehmer. Einer der Gründer der Neuen Nordischen Küche und des Restaurants Noma. Besitzer und Miteigentümer mehrerer Unternehmen und Restaurants.

LIEBE ZUM KOHL

Nicht immer lässt sich mit Bestimmtheit sagen, wann die Liebe erwacht. Aber wenn sie da ist, weiß man es genau. So ist mein Verhältnis zu Kohl. Und diese Liebe wächst ständig, je mehr ich davon esse und mir seiner herausragenden Eigenschaften bewusst werde. Vielleicht fing es damit an, dass ich als Studentin entdeckte, wie viel Essen in so einem Weißkohl steckt. Oder als ich mitten im Winter zum ersten Mal einen knackig frischen Rotkohlsalat aß. Dass Kohl darüber hinaus supergesund ist, regional wächst und günstig ist, macht ihn zu einem wirklich genialen Nahrungsmittel, das verdient, täglich auf den Tisch zu kommen.

Aufgrund seiner Vielfalt und Vielseitigkeit lässt sich Kohl in jeder Küche verwenden. Von völlig traditionellen Gerichten bis hin zu topmodernen Salaten, die aus allen Himmelsrichtungen inspiriert sind. Liebe erträgt alles und hält allem stand. Das Gleiche könnte man von Kohl sagen.
Kohl lässt sich immer und überall verwenden. Außerdem ist er als Grundnahrungsmittel überaus haltbar, selbst bei Kälte, und zumindest einige Sorten – sogar bei Frost und Schnee.

Über Kohl kann man kein einziges schlechtes Wort verlieren. Dennoch wurde Kohl jahrelang völlig verkannt. Abgestempelt als bäuerliches Essen, das übel riecht und Blähungen verursacht. Als karges Arme-Leute-Essen. Sein schlechtes Image hält sich noch immer bei jenen, die noch nicht entdeckt haben, was Kohl alles kann, oder denen verkochter Rosenkohl oder Brokkoli in übelster Erinnerung ist. Auch wenn Kohl so einiges verträgt, zeigt er sich von seiner wirklich unangenehmen Seite, wenn er zu lange gekocht oder zu grob geschnitten wird. Deshalb ist Kohl wohl auch das Gemüse, das in Unkenntnis der richtigen Behandlung am ehesten traktiert wird.

Darum habe ich mir mit diesem Buch das Ziel gesetzt zu zeigen, was Kohl so alles draufhat. Dass Kohl kein Überbleibsel aus längst vergangenen Zeiten ist, sondern ein Grundnahrungsmittel ist, das auch in der modernen Küche angekommen ist und hier überall seinen Platz hat–sei es als Grundlage für einen Salat ebenso wie als Hauptgericht für Gäste. Vor allem aber möchte ich gerne mit der Vorstellung aufräumen, dass Kohl ein fahles, übelriechendes Essen ist, sondern das Grundnahrungsmittel der Zukunft: gesund, sättigend, günstig, nachhaltig und lange haltbar. Alles Gründe, warum Kohl es verdient, von allen geliebt zu werden.

Möge dieses Buch auch Ihre Liebe zum Kohl wachsen lassen.

Mette Mølbak, Frederiksberg, Juni 2015

STAUB
Masahiro
175
Molybdenum Vanadium Stainless Steel

RAN AN DEN KOHL

Ein gutes Resultat erfordert gutes Werkzeug

Schlechtes Werkzeug ist einer der Gründe dafür, dass Kohl in der Küche als Fiasko enden kann. Stumpfe Messer oder fehlende Arbeitsgeräte sind meiner Überzeugung nach der Grund, dass die Zubereitung von Kohl vielen so mühsam erscheint.

Mandoline / Gemüsehobel

Roher, grob geschnittener Kohl lässt sich nur schwer kauen und ist so gut wie ungenießbar. Mit einer Mandoline lässt Kohl sich ganz fein schneiden und lässt den groben Kohl gleichzeitig zu einem sinnlichen Genuss werden. Und das geht blitzschnell – also Vorsicht Finger!

Ein scharfes Messer

Wenn Sie gut mit einem Messer umgehen können, ist dies die einfachste Weise, Kohl in feine Streifen zu schneiden. Ein gutes Messer ist einfach unentbehrlich.

Dampfgareinsatz

Verkochter Kohl hat schon so manchem den Kohl verleidet. Das lässt sich vermeiden, wenn man den Kohl dämpft und dabei immer die Uhr im Blick hat, damit der Kohl dann nicht doch noch verkocht.

Schneidebrett

Große Kohlköpfe brauchen Platz. Also braucht man zur Verarbeitung auch ein ordentliches Schneidebrett.

Food Processor

Wenn Sie schnell eine große Menge Kohl zerkleinern wollen, dann ist ein Food Processor die richtige Wahl. Hier lässt sich die Schnittstärke einstellen, und der Kohl ist in Nullkommanichts zerkleinert. Allerdings bleibt immer auch abzuwägen, ob es in Wirklichkeit nicht schneller ist, ihn von Hand zu schneiden, wenn man die Zeit bedenkt, die für das Abwaschen benötigt wird.

Reibeisen
Soll Blumenkohl oder Brokkoli ganz fein gerieben werden, greift man am besten zu einem Reibeisen.

Wok
Wenn man viel Kohl essen möchte, empfiehlt es sich, gleich eine große Portion davon zu zerkleinern und in einem heißen Wok zuzubereiten. Der Kohl bleibt knackig, wird aber dennoch weich und leicht genießbar. Wok-Rezepte mit Kohl finden Sie weiter hinten im Buch.

Rezepte
Alle Rezepte sind für 4 Personen gedacht, sofern nichts anderes angegeben ist.

Bitte verwenden Sie Bio-Zitrusfrüchte, wenn die Schale mitverwendet werden soll.

In Skandinavien misst man in der Regel–sowohl Flüssiges als auch Festes–in Dezilitern (dl).
Die praktischen 1 dl-Messbecher gibt es da überall zu kaufen.

Alternativ kann man einen Messbecher verwenden, auf dem sowohl Gramm- als auch Deziliter-Einheiten angeführt sind.

5 GUTE GRÜNDE, KOHL ZU ESSEN

Er ist supergesund
Kohl verfügt über eine einzigartige Zusammensetzung gesundheitsfördernder Stoffe und hat im Vergleich zu anderen Gemüsen einen hohen Anteil an Ballaststoffen und Vitaminen. Hierunter die Vitamine B, C und K. Mehrere Kohlsorten haben eine entzündungshemmende Wirkung und beugen Krebs vor. Insbesondere die bitteren Kohlsorten weisen diese Wirkung auf.

Er ist nachhaltig
Kohl wird überall angebaut und ist das ganze Jahr über erhältlich. Im Winter dominieren Grünkohl, Rotkohl und Weißkohl, während der Sommer uns mit Blumenkohl, Spitzkohl und Brokkoli bereichert. Einheimischer Kohl ist rund ums Jahr erhältlich, und die ausländischen Alternativen kommen hauptsächlich aus Europa, wobei die Transportwege minimal sind.

Er ist günstig
Kohl zählt zu den günstigsten Gemüsen überhaupt. Speziell die großen Kohlköpfe wie Weißkohl und Rotkohl können eine Familie für mehrere Tage versorgen, kosten aber selten mehr als ein paar Euro. Also ein sehr gutes Preis-Leistungs-Verhältnis für ein äußerst gesundes Nahrungsmittel.

Er ist lange haltbar
Ein Salatkopf hält sich ein paar Tage, ein Kohlkopf über Wochen und bei korrekter Lagerung sogar über Monate.

Wenn Sie Kohl als Grundzutat für Ihren Salat verwenden, reduzieren Sie die Lebensmittelverschwendung, da Kohl sich so viel besser hält als anderes Blattgrün. Kohl ist eine preiswerte und vernünftige Wahl. Übrigens hat auch verarbeiteter Kohl eine längere Haltbarkeit. Ein Kohlsalat gewinnt sogar noch an Geschmack am Tag danach, wenn das Dressing schön eingezogen ist. Das kann man von einem Salat nun wirklich nicht behaupten, der nur wenige Stunden, nachdem man ihn angemacht hat, zusammenfällt.

Er sättigt gut bei nur wenigen Kalorien

Kohl ist kalorienarm. Weißkohl enthält z.B. 30 kcal je 100 g, was in etwa dem einer Tomate entspricht. Aber im Gegensatz zur Tomate, die nicht lange sättigt, besitzt Kohl einen hohen Anteil an Ballaststoffen und sättigt so über einen längeren Zeitraum. Also die ideale Schlankheitskost, um den Magen zu füllen, ohne die Kalorien in die Höhe zu treiben. Kohl lässt sich auch als Ersatz für Brot verwenden, das wesentlich mehr Kalorien enthält. Mit kochendem Wasser übergossen und fein geschnitten kann Weißkohl anstelle von Spaghetti verwendet werden. Auch sind blanchierte Kohlblätter eine gute Alternative zu üblichen Wraps.

Kohl, Kohl und nochmals Kohl

In diesem Buch komme ich auf acht Kohlsorten zu sprechen, nämlich Weißkohl, Rotkohl, Spitzkohl, Grünkohl, Wirsing, Blumenkohl, Brokkoli und Rosenkohl. Dabei gibt es noch viel mehr, wie z.B. Chinakohl, Pak-choi, Palmkohl, Kohlrabi und Filder-Spitzkraut. Dazu viele Kohlsorten, die in verschiedenen Farben erhältlich sind, hierunter Blumenkohl, Brokkoli und auch Grünkohl; das zeigt, wie reichhaltig die Welt des Kohls ist. In der Natur ist Kohl ein Wildgewächs. Im Garten wächst der von den meisten als lästiges Unkraut angesehene Giersch. Entlang der dänischen Küsten gedeiht vor allem an Steinstränden der Echte Meerkohl. Er ist leicht an seinen großen, graugrünen Blättern erkennbar, darf aber als geschützte Pflanze nicht gepflückt werden.

WEISSKOHL

Weißkohl - Inbegriff von Kohl und Arme-Leute-Essen. Weißkohl ist in etwa das billigste Gemüse auf dem Markt und besonders im Osten Europas die Grundsäule der Ernährung. Das trägt zum Bild von Weißkohl als bäuerliches und altmodisches Essen bei; dabei kann er so viel mehr als nur geschmort in einer Suppe verkocht werden. Es erfordert schon etwas Arbeit und auch Kraft, einen großen Weißkohl auseinanderzunehmen, aber dafür liefert er riesige Mengen an Essen. Mit dem richtigen Werkzeug in feinste Streifen geschnitten, verwandelt er sich in köstliche Salate, die besonders gut mit asiatischen Zutaten wie Ingwer, Chili, Koriander und Fischsoße harmonieren. Doch auch die traditionellen Weißkohl-Gerichte sind keineswegs zu verachten, wenn sie mit Sorgfalt und Liebe zubereitet werden.

Man meint, dass Weißkohl ursprünglich in Holland gezüchtet wurde und seit dem 16. Jahrhundert in Dänemark bekannt ist. Weißkohl gehört zur Gruppe der Kopfkohle, die auch namengebend ist. Im Englischen wird Kohl als cabbage bezeichnet, was sich aus dem Lateinischen caput, also Kopf, ableitet. So war Weißkohl früher auch unter dem Namen Kappus geläufig. Von Weißkohl gibt es eine Sommer- und eine Wintervariante. Sommerweißkohl ist kleiner und grüner, hat losere Blätter und eine kürzere Haltbarkeit als Winterweißkohl, der sich bei richtiger Lagerung über Monate halten kann.

Seiner hellen Farbe zum Trotz ist Weißkohl nicht nur reich an Vitaminen, hierunter die Vitamine C und K, sondern auch an Ballaststoffen. Die Forschung wies auch insbesondere in den älteren Sorten viele entzündungshemmende Bitterstoffe nach, was sowohl Krebs, Diabetes und anderen Zivilisationskrankheiten vorzubeugen vermag. Dass Kohl darüber hinaus kalorienarm ist, macht ihn zur idealen Schlankheitskost, denn mit seinen vielen Ballaststoffen macht er einfach satt.

Saison: Weißkohl gibt es in einer Sommer- und einer Wintervariante und ist somit rund ums Jahr erhältlich.

GOI GÀ

– VIETNAMESISCHER SALAT MIT HÜHNCHEN UND PAPAYA

Einer meiner Lieblingssalate mit Kohl. Der Kohl bleibt knackig und saugt das leckere Dressing auf. Der Salat eignet sich als leichtes Abendessen - gerne mit einem Stück Brot dazu. Macht sich auch gut als Mittagessen.

400 g Weißkohl
2 Karotten
2 Frühlingszwiebeln
2 gebratene Hühnerbrüste oder Reste von einem Huhn (300-400 g)
1 grüne, unreife Papaya oder Mango
1 rote Chilischote
1 dl gesalzene Erdnüsse, grob gehackt
1 Bund Koriander oder vietnamesische Minze

Dressing:
1 Schalotte
1 Knoblauchzehe
Saft von 1 Limette
2 EL Fischsoße
1 EL Reisweinessig Meersalz

Den Weißkohl so fein wie möglich hobeln. In eine weite Schüssel geben. Die Karotten in feine Streifen schneiden, dann die Frühlingszwiebeln säubern, in feine Ringe schneiden und beides hinzufügen.

Dressing:
Schalotte und Knoblauch fein hacken. Alle Zutaten für das Dressing verrühren und in der Schüssel mit dem Kohl, der Karotte und den Zwiebeln wenden.

Das Hühnerfleisch in kleinere Stücke zerteilen und hinzufügen. Papaya in Würfel schneiden und dem Salat beifügen. Chili in Ringe schneiden und ebenfalls untermischen. Die Kerne aus der Chilischote entfernen, wenn der Salat nicht allzu scharf werden soll. Die gesalzenen Erdnüsse grob zerkleinern und über den Salat streuen. Großzügig mit Koriander oder vietnamesischer Minze bestreuen und servieren.

Tipp:
Vietnamesische Minze erinnert geschmacklich an Koriander, ist aber schärfer. Ihr Gemüsehändler berät Sie sicher gerne.

COLESLAW

Coleslaw ist DIE Gelegenheit, jede Menge Kohl zu essen! Sein Name soll vom niederländischen "koolsla" abgeleitet sein, einer Abkürzung von "kool salade" - eben Kraut- oder Kohlsalat. Und hier folgt meine eigene Version:

½ Weißkohl, ca. 500 g
4 Karotten
½ dl Cidre-Essig oder Saft von ½ Zitrone
1 TL Salz

Dressing:
2 TL süßer Senf (oder mit Zucker verrührter Dijon-Senf)
2 dl Skyr, Frischkäse oder Crème fraîche
1 dl Mayonnaise
Saft von ½ Zitrone
Salz und Pfeffer

Den Weißkohl fein scheiden und die Karotten in dünne Streifen schneiden.
In eine weite Schüssel geben, Cidre-Essig darüber gießen und mit Salz bestreuen.
Umrühren und die Schüssel mit einem Deckel oder mit Frischhaltefolie abdecken.
30-60 Minuten im Essig ziehen lassen, sodass Kohl und Karotten zart werden.

Dressing:
Den Senf mit den übrigen Zutaten vermengen, mit Salz und Pfeffer abschmecken. Nachdem Kohl und Karotten gezogen haben, das Dressing unterheben.

Am besten die amerikanische Art zusammen mit Ofenkartoffeln und Spareribs oder auch einem ganzen Brathuhn servieren.

Tipp:
Das Dressing mit ein wenig Wasabi anreichern und mit Schwarzkümmelsamen bestreuen.

SAUERKRAUT

In Deutschland ist Sauerkraut weit verbreitet, und die meisten kennen den Klassiker Sauerkraut mit Eisbein. Er wird nach einem alten Konservierungsverfahren hergestellt, das nicht nur für lange Haltbarkeit sorgt. Der Gärungsprozess führt auch zu einer Bakterienkultur, die sich günstig auf die Magen-Darm-Flora auswirken soll.

500 g Weißkohl
10 g Salz
1 Einmachglas
evtl. Einweghandschuhe aus Plastik

Vorab: Bitte auf absolut saubere Hände achten!

Die äußeren Kohlblätter entfernen und den zu verwendenden Teil gut säubern und gründlich waschen. Den Kohlkopf vierteln und die Teile in feine Streifen schneiden. Die genaue Menge abwiegen, in eine Schüssel legen und mit Salz bestreuen. Es ist wichtig, das Mengenverhältnis von Kohl und Salz genau einzuhalten.

Das Salz gut in den Kohl einmassieren, sodass Flüssigkeit austritt. Hierfür evtl. Einweghandschuhe benutzen. Ein ausgekochtes Einmachglas zu ¾ mit dem Kohl befüllen; darauf achten, dass der Kohl mit Flüssigkeit bedeckt ist. Evtl. mit Kohlblättern bedecken und mit etwas Schwerem belegen, damit der Kohl stets von der Flüssigkeit bedeckt ist.

Das Glas die ersten beiden Tage bei Zimmertemperatur auf dem Küchentisch, anschließend im Kühlschrank 2-3 Wochen stehen lassen. Dann ist das Sauerkraut bereit zum Verzehr.

Es passt als Beilage zu Fisch oder Fleisch, oder auch als Geschmacksgeber in Salaten mit fein geschnittenem Kohl.

CÄSAR IM KOHL

Als Inspiration zu diesem Rezept diente mir der berühmte Caesar Salad, der traditionell mit Römersalat zubereitet wird. Aber lassen Sie sich einmal von dieser Kohlvariante überraschen!

½ Weißkohl
1 dl Mayonnaise
2-3 Sardellen
3 EL Parmesan, gerieben
evtl. Zitronensaft

50 g Parmesan, gehobelt
schwarzer Pfeffer
glatte Petersilie

Croûtons:
2-3 Stücke Brot (gerne vom Vortag)
Olivenöl
1 Knoblauchzehe, gerieben

Den Kohl in kleinere, mundgerechte Stücke schneiden oder brechen und 1-2 Minuten blanchieren. Sofort in kaltes Wasser schütten und im Sieb abtropfen lassen.

Die Sardellen klein hacken oder im Mixer zerkleinern, mit Mayonnaise und Parmesan verrühren. Mit Salz, Pfeffer und evtl. Zitronensaft abschmecken. Das Dressing gut verrühren und die Kohlblätter gründlich darin wenden.

Croûtons:
Brot in kleine Stückchen schneiden. Das Olivenöl in einer Pfanne erhitzen, den Knoblauch hineingeben. Die Brotstückchen knusprig und goldbraun rösten. Danach auf Küchenpapier abtropfen lassen.

Parmesanspäne und Croûtons großzügig über dem Salat verteilen. Reichlich schwarzen Pfeffer darüber mahlen, mit der glatten Petersilie bestreuen und servieren.

Tipp:
Sollte sich ein Rest Hühnchen finden, können Sie dieses ohne Weiteres im Salat verarbeiten.

WEISSKOHLSALAT

– MIT MANGO, SESAM UND GRÜNEM CHILI

Ein leichter und einfacher Salat, bei dem der Kohl in farbenfrohe Gesellschaft gerät.

500 g Weißkohl
1 Mango
2 Frühlingszwiebeln
1 grüne Chilischote
1 dl Sesamsamen

Dressing:
Saft von ½ Zitrone
1 EL Reisweinessig
1 EL Sirup,
Salz und Pfeffer

Den Weißkohl in ganz feine Streifen schneiden und in eine Schüssel geben. Die Mango in schmale Scheiben, die Frühlingszwiebeln klein und das Chili in Ringe schneiden. Alle Zutaten für das Dressing verrühren, über den Salat gießen und mit Salz und Pfeffer bestreuen.

Die Sesamsamen in einer trockenen Pfanne rösten. Vom Herd nehmen, sobald sie zu duften beginnen. Auf den Salat geben und diesen gut durchmischen.

Dieser Salat eignet sich bestens zu Fisch wie auch Hühnchen. Er passt auch ausgezeichnet zu vielen asiatischen Gerichten.

FRÜHLINGSROLLEN

Frühlingsrollenteig oder Spitzkohlblätter, Öl zum Frittieren, falls Frühlingsrollenteig verwendet wird.

Beilage:
Sojasoße
Süße Chilisoße

Füllung:
½ Weißkohl, ca. 300-400 g
2 Möhren, geschält und in Streifen geschnitten
1 rote Paprika, in schmale Streifen geschnitten
2 Frühlingszwiebeln, in Ringe geschnitten
Olivenöl
200 g gebratenes oder gekochtes Hühnerfleisch, gerne Reste
2-3 EL Sojasoße

Den Kohl so fein wie möglich schneiden. Das übrige Gemüse vorbereiten. Das Öl in eine Schwenkpfanne oder einen Wok geben, heiß werden lassen und den Kohl beifügen. Den Kohl etwas zusammenfallen lassen. Möhren, Paprika und Zwiebeln hinzugeben und für ein paar Minuten brutzeln lassen, bis alles leicht angebräunt ist und noch etwas Biss hat. Dann erst das Hühnerfleisch beigeben, Sojasoße hinzufügen und wenden. Die Füllung zum Abtropfen in ein Sieb geben.

Jetzt liegt es an Ihnen, ob Sie die gesunde oder die eher fettige Version zubereiten möchten.

Die gesunde: Frühlingsrollen mit Kohl
Die Spitzkohlblätter ein bis zwei Minuten blanchieren. Entfernen Sie evtl. den Strunk und verteilen Sie die Füllung auf den Kohlblättern, wonach sie stramm zusammengerollt werden. In Sojasoße und süße Chilisoße tunken.

Die fettige: Traditionelle Frühlingsrollen
Das Teigblatt rautenförmig auf die Arbeitsfläche legen. Ein bis zwei EL der Füllung auf die Mitte geben. Die untere Ecke über die Füllung legen, die seitlichen Ecken einschlagen und fest zusammenrollen. Den Innenrand der letzten Ecke mit etwas Wasser einpinseln, damit das Päckchen hält.

Öl in einer tiefen Pfanne erhitzen. Wenn das Öl heiß ist (es muss sieden, wenn Sie die Spitze eines Holz-Zahnstechers hineinhalten), Rollen hineinlegen und frittieren, bis sie goldbraun und knusprig sind. Zum Abtropfen auf Küchenpapier legen. Vor dem Servieren etwas abkühlen lassen.

Hierzu bietet sich ein frischer Kohlsalat an, z. B. in Zitrone und Öl gewendeter Spitzkohl.

ASIATISCHER KOHL

– MIT GOMA-DRESSING

Ein weiterer Beweis dafür, dass die asiatische Küche wunderbar mit Kohl harmoniert.

Einen halben Weißkohl
eine Handvoll geschnittener Rotkohl
200 g Edamame
2 Frühlingszwiebeln
Sesamsamen zum Bestreuen
evtl. Koriander zum Bestreuen

Goma-Dressing:
50 g weiße Sesamsamen, geröstet
½ dl Olivenöl
½ dl Wasser
2 EL Reisweinessig
2 EL Sojasoße
1 TL süße Chilisoße
Saft einer halben Limette
1 TL geriebener Ingwer
2 TL flüssiger Honig

Goma-Dressing:
Die Sesamsamen in einer trockenen Pfanne rösten, bis sie zu duften beginnen. Alle Zutaten für das Dressing in einem Mörser bearbeiten, bis eine sämige Masse entsteht. Das Dressing lässt sich auch gut im Mixer zubereiten.

Beide Kohlsorten ganz fein scheiden und in eine weite Schüssel geben. Das Dressing darüber gießen und gut untermischen. Edamame und fein zerkleinerte Frühlingszwiebeln dazugeben. Mit Sesamsamen und evtl. Koriander bestreuen.

Dieser Salat passt gut zu gebackenem Fisch und eignet sich als Belage zu einem asiatischen Essen - z. B. zu vietnamesischem Salat mit Hühnerbrust und grüner Papaya (s. Seite 24), frischen Frühlingsrollen (s. Seite 34) oder auch als Sushi-Beilage. Mir schmeckt er auch zu einem Stück gebackenen Lachs.

Tipp:
Wenn es mal schnell gehen muss, kann man auch auf fertiges Goma-Dressing aus einem gut sortierten Feinkostladen zurückgreifen.

BLUMENKOHL

Blumenkohl ist die Kohlsorte, die am wenigsten nach Kohl schmeckt. Mark Twain soll mal gesagt haben, dass Blumenkohl der Kohl ist, der „eine ordentliche Bildung genossen hat“. Wie bei jedem anderen Kohl auch geht es um schonendes, kurzes Kochen. Sonst zerfällt er und nimmt einen üblen Geruch an - etwas, woran sich viele leider nur allzu gut erinnern. Er lässt sich ohne Weiteres roh verzehren, z. B. als kleine Röschen mit einem leckeren Dip. Er lässt sich backen, rösten und zu Püree verarbeiten. Eines der bekanntesten dänischen Gerichte ist Blumenkohlgratin, der dem Kohl einen milden und angenehmen Kohlgeschmack verleiht und so für die meisten akzeptabel ist. Seit einigen Jahren ist Blumenkohl als Kohlehydratersatz beliebt. Und fein geraspelt erinnert er an Reis oder Couscous.

Blumenkohl gehört zur Gruppe der Korbblütler. Sein Name geht auf das holländische "bloemkool" zurück, was so viel wie Blüten- bzw. Blumen-Kohl bedeutet. Man meint, dass er im Mittelalter von Arabern gezüchtet, über Zypern nach Europa gelangte und u. a. Aufnahme am Hofe Louis XIV fand. Mitte des 15. Jahrhunderts wird er erstmalig in Dänemark erwähnt, war zunächst aber nur für die absolute Oberschicht erschwinglich.

Als der Blumenkohl schließlich auch bei der übrigen Bevölkerung Einzug hielt, kam er meist bei feierlichen Anlässen auf den Tisch zusammen mit delikaten Nahrungsmitteln und in Gesellschaft von gestärkten Servietten, wie Louise Nimb zu erzählen weiß. Bis hinein in die 50er Jahre galt Blumenkohl als Festessen. Der weiße Blumenkohl ist der am meisten verbreitete, doch es gibt ihn auch in lila und gelben Varianten, die in den vergangenen Jahren immer üblicher wurden. In dieser Gruppe befindet sich auch der hellgrüne Romanesco, eine Kreuzung zwischen Blumenkohl und Brokkoli.

Blumenkohl punktet mit seinen zahlreichen, der Gesundheit zuträglichen Eigenschaften. Er ist reich an Ballaststoffen, den Vitaminen B und C, enthält Phosphor und Kalzium. Wie auch der Brokkoli wirkt er krebsvorbeugend, entzündungshemmend und soll vor Arthrose schützen, insbesondere in Kombination mit dem Öl von fetten Fischen und Walnüssen.

Saison: von Mai und bis Oktober, als Importware ist er das ganze Jahr über erhältlich.

BLUMENKOHLSALAT

– MIT GREMOLATA UND KRÄUTERFRIKADELLEN

1 mittlerer Blumenkohl
3 EL Olivenöl
3 EL weißer Balsamessig
1 EL grobkörniger Senf
1 TL Sirup

Gremolata:
eine gute Handvoll Petersilie
Abrieb von 1 Zitrone
1 Knoblauchzehe

1 Päckchen Rucola
100 g sonnengetrocknete Tomaten
50 g Parmesan, gehobelt

Kräuterfrikadellen:
500 g Hackfleisch (Kalb und Schwein)
1 Knoblauchzehe, fein gerieben
eine Handvoll gehackte Kräuter
- z. B. Oregano und Petersilie
2 TL feines Salz
1 TL Pfeffer
Paniermehl
Butter zum Braten

Beilage:
neue Kartoffeln, gekocht

Den Blumenkohl einige Minuten in leicht gesalzenem Wasser bissfest dämpfen. Das Wasser abschütten. Nach dem Abkühlen in kleine Röschen brechen und diese in eine weite Schüssel geben. Olivenöl, Balsamessig, Senf und Sirup gut vermengt über den Blumenkohl gießen.

Gremolata:
Petersilie waschen, trocknen und hacken. Mit Zitronenabrieb und Knoblauch vermengen. Über den Blumenkohl geben, etwas zurückhalten. Kurz vor dem Servieren Rucola und getrocknete Tomaten beifügen, mischen, dann Parmesanspäne und die restliche Gremolata darüber geben.

Kräuterfrikadellen:
Knoblauch und Kräuter mit dem Fleisch vermengen. Ei, Salz und Pfeffer dazugeben. Aus der Masse vier bis sechs Frikadellen formen und im Paniermehl wenden. In einer Pfanne braten, bis sie goldbraun und knusprig sind. Blumenkohlsalat und die gekochten Kartoffeln dazu reichen.

KARTOFFELSALAT

– MIT BLUMENKOHL, ERBSEN UND RADIESCHEN

Ein klassischer Kartoffelsalat, hier in Gesellschaft von Blumenkohl. Passt gut zu Gegrilltem.

500 g kleine, neue Kartoffeln
1 kleiner Blumenkohl
200 g frische Erbsen
½ Bund Radieschen

Dressing:
4 EL Olivenöl
2 EL Weißweinessig
1 TL Dijon-Senf
½ EL Sirup

Die Kartoffeln schrubben und waschen. Das Wasser gut salzen und aufkochen lassen. Die Herdplatte ausschalten und die Kartoffeln im Kochwasser ziehen lassen. Nach 15-20 Minuten sind die Kartoffeln fertig. Gelegentlich mit einem spitzen Messer einstechen und den Garzustand überprüfen. Kleine Kartoffeln können schon nach 10 Minuten gar sein. Das Wasser abschütten, und die Kartoffeln abkühlen lassen.

Den Blumenkohl in kleinere Röschen brechen. Die abgekühlten Kartoffeln in Scheiben schneiden und zusammen mit dem Blumenkohl in eine weite Schüssel geben. Das Dressing gut schütteln und über Kartoffeln und Blumenkohl gießen. Durchmischen. Die Erbsen evtl. kurz aufkochen lassen. Die Erbsen zusammen mit den in Scheiben geschnittenen Radieschen, sowie einer großzügigen Menge grob gehackten Dill, über den Salat verteilen. Vor dem Servieren durchmischen.

BLUMENKOHL-TABOULEH

Die Konsistenz von fein geriebenem Blumenkohl gleicht der von Couscous. Deshalb hat sich dieser Salat mit Granatäpfeln und Aprikosen auch aus dem Nahen Osten inspirieren lassen. Übrigens sollen es die Araber gewesen sein, die den Blumenkohl kultivierten - also noch ein guter Grund, dem Blumenkohl einen orientalischen Touch zu verleihen.

1 Blumenkohl, mittlere Größe
2 Nektarinen
1 Granatapfel
10 Aprikosen, getrocknet
½ dl Olivenöl
½ dl Cidre-Essig oder Saft von ½ halben Zitrone
eine gute Handvoll Petersilie oder Minze
1 dl Mandeln
oder Salzmandeln, siehe Rezept Seite 66
Salz und Pfeffer

Den Blumenkohl mit einem Reibeisen oder im Food Processor ganz fein reiben. Die Masse in eine Schüssel geben. Die Nektarinen in dünne Scheiben und die Aprikosen in kleinere Stückchen schneiden, beides mit in die Schüssel geben. Die Kerne aus dem Granatapfel klopfen, am besten über eine andere Schüssel und den Saft abgießen. Die Kerne kommen in die Schüssel mit dem Blumenkohl. Das Olivenöl mit dem Apfelessig verrühren und zum Salat geben. Gründlich durchmischen. Petersilie oder Minze hinzufügen und nochmals mischen. Die Mandeln hacken und zum Schluss beimengen. Mit Salz und Pfeffer bestreuen.

Der Salat eignet sich zu Hühnchen, Schweinefleisch, Lamm wie auch zu Kebab vom Rind (siehe Rezept S. 112).

Tipp:
Außerhalb der Nektarinen-Saison kann ersatzweise eine andere süße Frucht verwendet werden, z. B. Pflaume oder Birne.

GERÖSTETER BLUMENKOHL

– MIT KICHERERBSEN, FETA UND ROTEN ZWIEBELN

2½ dl gekochte Kichererbsen
oder 1 Dose
10 kleine Tomaten, halbiert
75 g Ziegen- oder Schafsfeta
1 rote Zwiebel
eine Handvoll Minze, gehackt
frisch gemahlener Pfeffer

Eingelegte rote Zwiebel:
1 rote Zwiebel
2 EL Cidre-Essig
2 EL Olivenöl
1 TL Sirup oder Honig

Gerösteter Blumenkohl:
1 Blumenkohl
1 TL Kreuzkümmel
1 TL Koriandersamen
1 TL Sumak
1 TL Salz
Olivenöl zum Braten

Die Kichererbsen über Nacht einweichen und lt. Packungsanleitung kochen. Das Wasser abschütten und die Kichererbsen in einem Sieb abtropfen lassen. Am besten gleich eine große Portion Kichererbsen kochen. Was nicht gebraucht wird, für später einfrieren. So lässt sich ein andermal schnell Hummus zubereiten oder ein Salat ergänzen.

Eingelegte rote Zwiebel:
Die Zwiebel in feine Ringe schneiden - am besten mit einer Mandoline. In ein Einmachglas oder ähnliches füllen. Cidre-Essig, Olivenöl und Sirup verrühren und über die Zwiebeln gießen und ziehen lassen.

Gerösteter Blumenkohl:
Die äußeren Blätter entfernen, den Blumenkohl in einer Schüssel waschen und in kleinere Röschen teilen. Kreuzkümmel und Koriander in einem Mörser zerstoßen. Mit Sumak vermischen. Olivenöl in einer tiefen Pfanne erhitzen, die Gewürzmischung beigeben und scharf anbraten, bevor die Blumenkohlröschen dazukommen. 3-4 Minuten weiterbraten, bis sie weich sind, aber noch Biss haben. Blumenkohl und Kichererbsen in einer Schüssel vermengen. Die Tomaten halbieren und ebenfalls unterheben. Den Feta darüber bröseln, mit eingelegten Zwiebeln und gehackter Minze garnieren. Zum Schluss mit Pfeffer übermahlen.

CURRY

– MIT BLUMENKOHL, AUBERGINE UND TOMATEN

1 kleiner oder
½ großer Blumenkohl
1 Aubergine
1 Zwiebel
1 Knoblauchzehe, gehackt
1 EL Kreuzkümmel
1 TL Koriandersamen
1 TL Curry
1 TL Kurkuma
1 TL Garam Masala
Olivenöl zum Braten
1 Dose geschälte Tomaten

Beilagen:
Joghurt
Koriander
Limette

Die äußeren Blätter entfernen und den Blumenkohl waschen. In kleinere Röschen zerteilen und beiseitestellen. Die Aubergine waschen und in 1 cm große Würfel schneiden. Die Zwiebel schälen und grob hacken. Kreuzkümmel und Koriander in einem Mörser zerstoßen. Mit den übrigen Gewürzen mischen. Olivenöl in eine Schwenkpfanne geben. Die Zwiebel bei gleichmäßiger Hitze glasig dünsten. Knoblauch und Gewürzmischung beifügen und umrühren. Die Aubergine dazugeben und einige Minuten weiterbraten lassen, bevor der Blumenkohl beigefügt wird. Nun lässt man alles noch einige Minuten braten, dann kommen die geschälten Tomaten dazu. Nach 5-7-minütiger Kochzeit ist der Blumenkohl gar, hat aber noch Biss. Mit Salz abschmecken.

Mit einem guten Löffel Joghurt, zerpflückten Korianderblättern und einer Limettenspalte servieren.

Tipp:
Mit gekochten Kichererbsen und Gemüse, wie Karotten und gekochten Kartoffeln, wird daraus eine volle Mahlzeit.

BLUMENKOHLSUPPE

– MIT GERÖSTETEN PILZEN

Wenn die Grundsuppe erst einmal zubereitet ist, geht die Zubereitung dieser geschmackvollen Suppe im Handumdrehen.

1,2 l Hühnerbouillon, siehe S.98
1 Blumenkohl
1 dl Sahne Zitronensaft
Salz und Pfeffer

Füllung:
250 g Pilze, z.B. Portobello-Pilze
Olivenöl zum Braten
geriebene Zitronenschale
Basilikum
frisch gemahlener Pfeffer

Die Hühnerbouillon in einen Topf geben und aufkochen lassen. Die äußeren Blätter vom Blumenkohl entfernen. Den Kohl waschen, dann in vier bis sechs Teile schneiden und der Hühnerbouillon beigeben. Den Blumenkohl etwa 15 Minuten lang köcheln lassen, gelegentlich nachsehen, ob er gar ist. Die Suppe in einer Küchenmaschine pürieren. Die Zitronenschale abreiben und beiseitestellen. Den Saft aus einer halben Zitrone pressen und die Suppe mit Sahne, Zitronensaft, Salz und Pfeffer abschmecken.

Belag:
Die Pilze säubern und in Scheiben schneiden. Die Scheiben in einer heißen Pfanne mit etwas Öl goldbraun und knusprig braten. Eventuell kurz vor dem Herunternehmen einen Spritzer Balsamico darüber gießen, um den Pilzgeschmack zu intensivieren.

Nachdem die Suppe auf die Schüsseln verteilt ist, Pilze, Zitronenschale und Basilikumblätter darüber streuen. Noch etwas Pfeffer darüber mahlen und - vielleicht zusammen mit einem leckerem Brot - servieren.

BLITZPIZZA

– AUF EINEM BODEN AUS BLUMENKOHL

Eine alternative Pizza, die zwar nicht genauso knusprig wird wie die traditionelle, dafür aber den Vorteil hat, dass sie nicht erst aufgehen muss.

Boden:
1 Blumenkohl, etwa 400 g (Gewicht ohne Strunk und Blätter)
100 g Käse, gerieben
1 dl Skyr
2 Eier
1 TL Salz
70 g dänisches Öland-Weizenmehl (oder ein anderes gutes Weizenmehl)

Belag:
2 Tüten Mozzarella, evtl. zusätzlich geriebenen Käse
1 große Kartoffel, geschält
ein paar Rosmarinzweige
Meersalz

Boden:
Den Ofen auf 220° einstellen. Die äußeren Blätter vom Blumenkohl entfernen. Den Blumenkohl in einer Schüssel waschen, vierteln und entweder in einem Food Processor oder mit einem Reibeisen sehr fein reiben. Dann mit den Zutaten - Käse, Skyr, Eier, Salz und Mehl - zu einer zusammenhängenden Masse verrühren. Die Masse in zwei Portionen teilen und jeweils auf ein mit Backpapier ausgelegtes Backblech legen. Ein Stück Backpapier darüberlegen und die Masse so dünn wie möglich ausrollen oder platt drücken. Das obere Backpapier abnehmen und die Böden im Ofen backen, bis sie golden sind und der Käse beginnt, Blasen zu schlagen. Das dauert etwa 10 Minuten. Herausnehmen und den Belag darauf verteilen.

Belag:
Erst den geriebenen Mozzarella, dann die hauchdünn geschnittenen Kartoffeln ebenfalls auf beiden Böden verteilen. Rosmarinnadeln darüberstreuen und die Pizzen für etwa 10 Minuten im Ofen backen, bis der Käse geschmolzen ist. Mit Meersalz bestreuen und sofort servieren, so lange der Käse noch weich ist.

WIRSING

Von Weitem betrachtet gleicht er fast einem Kopfsalat mit seinen großen grünen Blättern, die sich lose umeinander legen. Bei näherer Betrachtung bleibt jedoch kein Zweifel, dass es sich um einen Kohl handelt. Die Blätter weisen eine grobe und gekräuselte Struktur auf, und der Geschmack geht ins Senfartige - wenn auch mit einer milderen Note als bei anderen Kohlsorten. Wirsing lässt sich leicht zubereiten, da er nicht so schwer und grob ist wie beispielsweise Weißkohl. Er lässt sich gut ganz fein schneiden für Salate, eignet sich aber besonders für Kohlrouladen. Die Farbe der großen, grünen Blätter verstärkt sich beim Blanchieren, und die Größe der Blätter ist gerade richtig, um sie mit Fleisch oder Fisch zu füllen.

Der Wirsing - auch Savoyer Kohl genannt - kommt ursprünglich aus Savoyen in Frankreich, wo er im Mittelalter entwickelt wurde, und er gilt als Stammvater des Rosenkohls, der später insbesondere im Raum Brüssel stark verbreitet war. Daher erklärt sich auch die Gemeinsamkeit von Wirsing und Rosenkohl: der bittere Geschmack. In Dänemark gibt es den Wirsing seit Ende des 17. Jahrhunderts, wobei er zu keinem Zeitpunkt die gleiche Verbreitung wie beispielsweise Rot- oder Weißkohl erreichte. Dabei ist der Wirsing robuster als z. B. Weißkohl, was Ernten bis weit in den Winter hinein möglich macht.

Wirsing ist reich an Vitamin C, sowie Vitamin B, Eisen und Phosphor. Mit nur 31 Kilokalorien pro 100 g befindet sich der Kohl am absolut kalorienarmen Ende der Skala. Darüber hinaus enthält Wirsing einen Stoff, der eine einzigartige krebsvorbeugende Wirkung haben könnte.

Saison: Dänischer Wirsing ist ab Juni und bis hin zum Frühjahr erhältlich.

ANGESCHWITZER WIRSING

– MIT PILZEN UND BROMBEEREN

Ein echter Herbstsalat, der sich sowohl zu Wild als auch zu Ente und schwereren Fleischgerichten gut macht.

400 g Wirsing
Olivenöl
300 g gemischte Pilze
1 EL Balsamico
1 Schale frische Brombeeren

Dressing:
½ dl Johannisbeeressig
½ dl Olivenöl
1 TL süßer Senf
Salz und Pfeffer

Den Kohl in feine Streifen schneiden. Olivenöl ein bis zwei Minuten in einer Pfanne erhitzen und den Kohl anschwitzen, bis er eben gar, aber noch knackig ist. Den Kohl vom Herd nehmen und ihn auf eine Platte oder in eine Schüssel geben. Mit Salz und Pfeffer bestreuen. Die Pilze säubern und in Scheiben schneiden, dann mit etwas Öl in der Pfanne rösten, bis sie eine schöne Farbe annehmen. Balsamico darüber gießen und einkochen lassen. Dann die Pilze zum Kohl geben und unterheben. Die Zutaten für das Dressing gut verrühren und unter den Salat mischen. Mit frischen Brombeeren garnieren.

KOHLROULADEN

– MIT LAMM

Kohlrouladen:
¾ dl Reis
1 kleine Zwiebel
1 Knoblauchzehe
300 g Lamm- ggf. Rinderhack
1 dl Tomatenpüree
2 TL Salz
frisch gemahlener Pfeffer
Blätter von 1 Wirsing
evtl. Küchengarn

Raita:
2 dl griechischer Joghurt
1 Salatgurke
Salz

Kohlrouladen:
Reis in leicht gesalzenem Wasser kochen und abkühlen lassen. Sollte noch ein Rest an Reis (etwa 2 dl) übrig sein, gerne erst diesen verwenden. Zwiebel und Knoblauch klein schneiden und mit dem Hackfleisch vermengen. Tomatenpüree und Reis hinzufügen. Alles gut vermengen, mit Salz und Pfeffer würzen.

Verwendet werden hier die äußeren Wirsingblätter. Diese, nachdem sie gespült wurden, in leicht gesalzenem Wasser etwa 1 Minute lang blanchieren, damit sie weicher und somit auch leichter zu hantieren sind. Abtropfen lassen und evtl. den Strunk keilförmig herausschneiden. Einen guten Löffel der Füllung in die Mitte des Kohlblattes geben und das Blatt so falten, dass es ein schön geschlossenes Päckchen ergibt. Evtl. mit Küchengarn verschnüren. Auf diese Weise weiter verfahren, bis die Fleischmischung verbraucht ist. Die Kohlrouladen vorsichtig in eine mit Backpapier ausgelegte Form legen, auf deren Boden etwas Wasser schwimmt. In den auf 200° vorgewärmten Ofen stellen (ohne Umluft) und mit Stanniolpapier bedecken. Nach 25 Minuten Backzeit ist das Fleisch gar.

Raita:
Salatgurke würfeln, in eine Schüssel mit Joghurt geben und mit Salz abschmecken. Raita und evtl. zusätzlich Reis zu den Kohlrouladen reichen.

WINTERSALAT

– MIT WIRSING, GRAPEFRUIT UND AVOCADO

Hier ist alles, was einen tollen Salat ausmacht - weiche Avocado, säuerliche Grapefruit, knackiger Kohl und bittere Walnüsse. Um dem Ganzen mehr Fülle zu verleihen, mit gekochten Weizenkeimen, Linsen oder Bohnen ergänzen.

½-1 Wirsing, je nach Größe
2 Avocados
1 rote Grapefruit
100 g Walnüsse

Vinaigrette:
3 EL Walnussöl
1 EL Cidre-Essig
1 EL grobkörniger Senf
1 TL Sirup
Salz und Pfeffer

Den Kohl so fein wie möglich schneiden und in eine Schale füllen. Die Vinaigrette gut verrühren und darüber gießen. Der Kohl darf vor dem Servieren gerne ein Stündchen ziehen. Die Avocados halbieren und das Fruchtfleisch in dünne Scheiben schneiden. Die Grapefruit schälen. Auch den weißen Teil der Schale entfernen. Die Grapefruit filetieren. Hierzu vielleicht eine Schüssel verwenden, um den Saft aufzufangen. Dieser macht sich gut im Salat oder auch für den morgendlichen Joghurt. Stücke der Avocado und der roten Grapefruit über den Salat verteilen und Walnüsse darüber verstreuen.

Zusammen mit beispielsweise gekochten Hühnerstückchen ergibt dies einen sättigenden Salat. Passt auch als Beilage zu gegrilltem Huhn, Fisch, oder was sonst zum Abendessen auf den Tisch kommt.

CURRYKOHL

– MIT KAPERN UND KORIANDER

Ein wahrer Gaumenschmaus! Mittags wie abends ein willkommener Salat.

3 dl Linsen, grün
½ Wirsing
Olivenöl
2 TL Curry
Salz und Pfeffer
2 EL Kapern
1 Bund Koriander

Zunächst die Linsen nach Anweisung auf der Verpackung kochen und abkühlen lassen. Linsen aus der Dose eignen sich auch. Den Kohl so fein wie möglich schneiden. Olivenöl in eine Schwenkpfanne gießen, Curry beifügen und leicht anrösten. Den Kohl braten, bis er etwas zusammenfällt, dann mit Salz und Pfeffer abschmecken. Den Kohl herausnehmen und in ein geeignetes Gefäß legen, dann Kapern und Linsen beifügen und alles mischen. Mit reichlich zerpflückten Koriander bestreuen und sofort verzehren.

KOTELETTS IM KOHL

4-6 Schweinekoteletts
Butter und Öl zum Braten
1 Zwiebel, in Spalten zerteilt
1 Knoblauchzehe,
in Scheiben geschnitten
250 braune Champignons
1 rote Paprika
½ Wirsing
1 Dose Tomatenpüree
1 Dose Tomaten, gehackt
1½ dl Sahne
Salz und Pfeffer
Balsamessig

Apfelsalat:
¼-½ Wirsing
1 säuerlicher Apfel
glatte Petersilie

Dressing:
Saft von ½Zitrone
1 EL Öl
1 TL Akazienhonig
Salz und frisch gemahlener Pfeffer

Den Ofen auf 200° vorheizen. Die Koteletts in einer Pfanne auf jeder Seite 1 Minute lang bräunen. Auf einem Teller beiseitestellen. Die Zwiebel in Spalten schneiden und zusammen mit den Knoblauchscheiben in die Pfanne geben. Bei mittlerer Hitze braten, bis sie weich sind. Danach in eine ofenfeste Form füllen. Die Champignons säubern und scharf anbraten, sodass sie eine schöne Bratkruste bekommen. Beiseitestellen. Die Paprika zerkleinern, in die Pfanne geben und erhitzen, bis sie weich sind. Ebenfalls beiseitestellen. Nun den Wirsing schneiden und auch diesen in der Pfanne erhitzen, bis er zusammenfällt. Alles Gemüse in die Form füllen und die Koteletts darauflegen. Das Tomatenpüree, die gehackten Tomaten und die Sahne in der Pfanne aufkochen lassen. So weit reduzieren, dass etwa die Hälfte der Flüssigkeit verdampft und die Soße andickt. Mit Salz, Pfeffer und Balsamico abschmecken. Über die Koteletts gießen und die Form 20 Minuten in den Ofen stellen.

Apfelsalat:
Kohl und Apfel fein schneiden. Ein Dressing aus Zitrone, Öl, Honig, Salz und frisch gemahlenem Pfeffer anrühren. Dann unter Apfel und Kohl mischen. Gehackte glatte Petersilie darüberstreuen.

Hierzu Reis oder, wenn Sie echter Kohl-Fan sind, fein geschnittenen Kohl reichen. Diesen kurz mit kochendem Wasser übergießen, damit er weich wird, anschließend in einem Sieb abtropfen lassen.

QUINOA-SALAT

– MIT SOJASOSSE, WIRSING UND SALZMANDELN

Quinoa und Kohl füllen Teller und Magen. Dieser Salat ergibt ein vegetarisches Mittagessen oder abends eine Beilage zu Fleisch oder Fisch.

Salzmandeln:
3 dl Wasser
2 EL feines Salz
100 g Mandeln

400 g Quinoa, schwarz oder rot
½ Wirsing
250 g kleine Tomaten

Dressing:
2 EL Sojasoße
1 EL Olivenöl
1 TL süße Chilisoße
Saft von ½ Limette

Salzmandeln:
Das Salz im Wasser auflösen und die Mandeln darin einweichen. Etwa 20 Minuten ziehen lassen. Abtropfen lassen und auf Backpapier in einen 200° warmen Ofen ca. 10 Minuten belassen - aber im Auge behalten. Dass sie fertig sind, sieht man an der bräunlichen Oberfläche und daran, dass das Salz eingetrocknet ist.

Quinoa nach Anleitung auf der Packung kochen. Zum Schluss auskühlen lassen.

Alle Zutaten für das Dressing gut verrühren und dann mit der Quinoa in einer Schüssel wenden. Den Kohl so fein wie möglich schneiden. Die Tomaten halbieren und über dem Salat verteilen. Eine Handvoll Salzmandeln hacken und zum Schluss über den Salat streuen. Empfehlenswert als gute und sättigende Salatbeilage zu Fleisch, Huhn oder Fisch.

LEICHTER WOK

– MIT RINDFLEISCH, WIRSING UND ROTER PAPRIKA

Kohl ist geradezu genial für Wok-Gerichte, da er Volumen bringt und die starke Hitze gut abkann. Wirsing kann auch durch Weißkohl ersetzt werden.

½ Wirsing
400 g Rindfleischstreifen,
evtl. Reste von einem Braten
2 Karotten
1 rote Paprika
1 Zwiebel
Erdnussöl
Fischsoße
Saft von 1 Limette

Beilagen:
Gekochte Nudeln

Marinade:
1 Stück Ingwer, ca. 5 cm
1 Knoblauchzehe
2 EL Akazienhonig
2 EL Sojasoße
1 EL Apfelessig
2 EL Olivenöl
Salz und frisch gemahlener Pfeffer

Zum Servieren:
geröstete Sesamsamen
Koriander
Limettenspalten

Den Kohl fein schneiden und beiseitestellen. Alle Zutaten für die Marinade gut verrühren und das Fleisch darin marinieren. Eine Stunde oder länger.

Die Pilze säubern und in Streifen schneiden. Paprika waschen und in Streifen schneiden. Zwiebel schälen, durchschneiden und der Länge nach in Streifen schneiden. Öl im Wok heiß werden lassen. Das Fleisch kurz braten und auf einem Teller ablegen. Dann das Gemüse nach und nach in den Wok geben, das Fleisch beigeben. Mit Fischsoße und Limettensaft abschmecken.

Mit Koriander und gerösteten Sesamsamen garnieren, Limettenspalten und Nudeln dazu reichen.

STAUB
STAUB

SPITZKOHL

Seinen Namen verdankt dieser Kohl seiner charakteristischen, spitz zulaufenden Kegelform. Spitzkohl lässt sich leicht zubereiten und ist damit ideal für den Einstieg. Zum einen ist er wesentlich kleiner als die großen Weißkohlköpfe und lädt somit gleich zum Verarbeiten ein, zum anderen ist er mild im Geschmack. Meist wird er ohne seine eindrucksvollen großen Außenblätter verkauft, die ihn grüner und attraktiver erscheinen lassen. Seit einigen Jahren erfreut er sich zunehmender Beliebtheit. Mit seinem milden Geschmack bietet er sich als Ersatz für den gewöhnlichen Kopfsalat an. Einerseits lässt sich Spitzkohl leicht fein schneiden, andererseits kann er auch geviertelt am Stück gegrillt werden. Die dänische Saison beginnt im Juni und geht bis September, daher lässt sich Spitzkohl besonders gut mit anderen Sommergemüsen kombinieren. Mittlerweile gibt es ihn aber auch ganzjährig als Importware.

Spitzkohl findet seit dem 18. Jahrhundert in Dänemark Erwähnung. Damals war er hier unter dem Namen "Zuckerhutkohl" bekannt, erinnerte aber eher an Weißkohl. In anderen Ländern wird Spitzkohl gar nicht als eigenständige Kohlsorte angesehen, sondern als Weißkohl mit kurzer Wachstumszeit. Spitzkohl wird auch Sommerkohl genannt, unterscheidet sich aber tatsächlich vom sommerlichen Weißkohl.

Spitzkohl ist reich an den Vitaminen A, C und K, sowie an Kalium und Ballaststoffen. 100 g Spitzkohl decken nahezu den Tagesbedarf an Vitamin C, der 75 mg beträgt. Allerdings gilt, je bitterer der Kohl, desto reicher die gesundheitsfördernden Inhaltsstoffe. Auch wenn der milde Spitzkohl hier weniger punkten kann, bleibt er doch ein supergesundes Nahrungsmittel.

Saison: Dänischer Spitzkohl ist von Juni bis Oktober erhältlich, ausländischer das ganze Jahr über.

SPITZKOHL

– MIT RÄUCHERKÄSE-CREME, RADIESCHEN, UND DILL

Das schmeckt ganz nach Sommer in Dänemark. Dieser Salat passt besonders gut zu geräuchertem Fisch, eignet sich aber auch als Beilage zu Frikadellen.

½-1 Spitzkohl (je nach Größe)
300 g frische Erbsen
1 Bund Radieschen
eine kleine Handvoll Dill
evtl. Erbsensprossen

Crème mit Räucherkäse:
½ dl Räucherkäse
½ dl Crème fraîche 18 %, möglichst Bio
Saft von ½ Zitrone
Salz und Pfeffer

Den Spitzkohl z. B. mit der Mandoline fein hobeln. Eine weite Schüssel reichlich mit Spitzkohl füllen.

Crème mit Räucherkäse:
Räucherkäse und Crème fraîche verrühren, dann mit Zitronensaft, Salz und Pfeffer abschmecken. Die Crème mit dem Kohl wenden.

Die Erbsen auslösen und kurz 1-2 Minuten aufkochen. In einem Sieb abtropfen lassen und dem Salat beifügen. Durchmischen. Die Radieschen waschen, die Enden oben und unten abschneiden und in feine Scheibchen teilen. Zum Salat geben. Den Dill grob hacken und darüberstreuen. Sollten Erbsensprossen erhältlich sein, lässt sich mit ihnen schön dekorieren.

Zu gebratenem Huhn oder - möglichst geräuchertem - Fisch servieren.

NORDISCHER SHRIMP COCKTAIL

Ein Klassiker der 80er Jahre - mit mehr Fülle und Geschmack – schnell gemacht als Vorspeise oder Mittagessen.

½-¼ Spitzkohl
500 g Garnelen, bereits auf See abgekocht

Deko:
frisch gemahlener Pfeffer
Zitronenscheiben

Dressing:
1 dl gute Mayonnaise
1 EL Tomatenpüree
1 TL Sherry oder Sherryessig
10 Tropfen Tabasco
½ TL süße Chilisoße
frisch gemahlener weißer Pfeffer,
evtl. 1 EL Zitronensaft

Den Kohl fein schneiden und in eine Schüssel geben. Alle Zutaten für das Dressing verrühren, davon etwa 4 Löffel für das Anrichten zurückhalten. Dressing unter den Kohl mischen und dann auf 4 Gläser oder kleinere Schüsseln verteilen. Die gepulten Garnelen darüber geben und über jede Portion einen Löffel Dressing gießen. Pfeffer darüber mahlen und mit Zitrone garnieren. Dazu eine ordentliche Scheibe Brot reichen.

Tipp:
In der Spargelsaison einen Bund grünen Spargel kochen, in passende Stücke schneiden und zusammen mit den Garnelen anrichten.

SOMMERKOHL

– MIT ERDBEEREN, BASILIKUM UND HOLUNDER-BLÜTEN-DRESSING

Dieser Salat ist wirklich der Hit im Sommer. Erdbeeren und Basilikum passen perfekt zu diesem knackigen Salat.

1 mittlerer Spitzkohl
250 g Erdbeeren
½ Bund Basilikum

Dressing:
3 EL Holunderblütensaft (konzentriert)
1 EL Weißwein- oder Apfelessig
2 EL Olivenöl
Salz und Pfeffer

Den Spitzkohl fein schneiden. Die Erdbeeren waschen und putzen.

Dressing:
Alle Zutaten verrühren und mit Salz und Pfeffer abschmecken. Den Spitzkohl auf einer Platte oder einem tiefen Teller anrichten und das Dressing darüber gießen. Die Erdbeeren in Scheiben schneiden und über dem Salat verteilen. Basilikumblätter darüber geben. Reichlich schwarzen Pfeffer darüber mahlen.

Hierzu ein gegrilltes Huhn, ein Kotelett, oder was sonst auf dem Menü steht, servieren.

Tipp:
Während der Holunderblüten-Saison machen sich diese besonders schön als Garnitur.

SALAT

– MIT SPITZKOHL, WASSERMELONE UND FETA

Die Kombination von süß und salzig macht Salate besonders schmackhaft. Hier sind es die saftige Wassermelone und der salzige Feta, sowie der Spitzkohl, die Inhalt und Fülle ausmachen.

1 mittlerer Spitzkohl
2 EL Olivenöl
Saft von ½ Zitrone
400 g Wassermelone, gewürfelt
100 g Feta
50 g Pinienkerne, geröstet
½ Bund Minze

Eingelegte Zwiebel:
1 rote Zwiebel
2 EL Essig
1 EL Olivenöl
1 EL flüssiger Honig

Eingelegte Zwiebel:
Die rote Zwiebel in feine Ringe schneiden oder mit einer Mandoline hobeln. Öl, Essig und Honig in einem kleineren Glas verrühren. Die Zwiebelringe hineingeben und etwa 20 Minuten ziehen lassen.

Den Spitzkohl fein schneiden. Ruhig eine ordentliche Portion davon. Olivenöl und Zitronensaft darüber gießen und gut vermischen. Auf eine Platte oder in eine Schüssel geben. Die Wassermelonen-Würfel darüber verteilen. Den Feta zerbröseln und diesen, wie auch die marinierten roten Zwiebeln, die gerösteten Pinienkerne und reichlich Minze darüberstreuen. Noch frischen Pfeffer darüber mahlen.

Dazu beispielsweise Lamm- oder Rindfleisch-Kebab servieren.

THAI BEEF SALAD

Der aus Thailand bekannte klassische Salat mit Rindfleisch wird mit Kohl noch schmackhafter. Hierfür lässt sich auch gut und gerne ein Rest von Rinderbraten oder Steak verwenden.

2 gute Steaks, z.B. Entrecôte,
ca. 300-400 g oder Rest von
einem Braten

Olivenöl zum Braten
1 Salatgurke
250 g Kirschtomaten
2 Avocados
½-1 Spitzkohl, je nach Größe
1 Bund Koriander

Dressing:
1 EL Fischsoße
½ EL Sojasoße
½ EL dunkler Sirup
Saft von 1 Limette
1 kleine Knoblauchzehe
1 EL Chilisoße
½ Schalotte

Das Fleisch 2-3 Minuten beidseitig braten. Hierfür würde sich eine Grillpfanne bestens eignen. Das Fleisch bzw. Reste von bereits gebratenem Fleisch in schmale Streifen schneiden.

Dressing:
Alle Zutaten für das Dressing gut verrühren.

Die Salatgurke längs halbieren und die Kerne herausschaben. Die Gurkenhälften in Scheiben schneiden. Die Tomaten halbieren und das Fruchtfleisch aus der Avocado in Würfel oder Streifen schneiden. Den Spitzkohl ganz fein schneiden und in eine große Schüssel geben. Das Dressing darüber gießen und gut untermischen. Die restlichen Zutaten beimengen und abschließend großzügig mit zerrupftem Koriander bestreuen. Dazu ein gutes Brot.

KNACKIG GEBRATENER KOHL

– MIT SAUCE HOLLANDAISE UND SCHALENTIEREN

FÜR 2 PERSONEN

1 Hummer oder 4 Kaiserhummer, gekocht
½ Spitzkohl
1 Bund grüner Spargel
100 g ausgelöste Erbsen
Olivenöl
Butter

Sauce Hollandaise:
100 g Butter
2 Eigelb
½ EL Weißweinessig
1 Prise Salz
Saft von ¼ Zitrone

Den Hummer auseinanderbrechen. Klauen mit einem Nussknacker oder Ähnlichem aufknacken, um an das Fleisch zu kommen. Dieses auf zwei Teller verteilen.

Evtl. lose äußere Blätter vom Spitzkohl ablösen (und aufbewahren). Den Spitzkohl vierteln. Spargel waschen und holzige Enden abbrechen. Ein ordentliches Stück Butter und etwas Öl in eine Pfanne geben. Hierfür eine Pfanne verwenden, die eine gute Bratenkruste macht, oder auch eine Grillpfanne - dann allerdings ohne Butter. Spitzkohl auf beiden Schnittseiten leicht bräunen. Hitze reduzieren und den Kohl wenden, um die Außenseite zu bräunen. Nach zwei Minuten herausnehmen und auf einer Platte anrichten. Jetzt den Spargel rösten, bis seine Farbe richtig schön grün ist. Die Erbsen und evtl. noch etwas Fett beigeben und kurz schwenken, bis sie Farbe bekommen.

Sauce Hollandaise:
Butter schmelzen und kurz aufschäumen lassen, ohne dass sie braun wird. Eigelb mit Salz und Weißweinessig in eine Metallschale geben und im Wasserbad aufschlagen. Nicht zu heiß werden lassen. Die geschmolzene Butter - erst nur einen kleinen Tropfen, dann langsam den Rest ohne den weißen Bodensatz der Butter - dazugeben. Mit Zitronensaft und evtl. Salz abschmecken.

Den Hummer mit all dem Grün auf zwei Tellern, das übrige Gemüse auf einer Platte anrichten. Einen guten Löffel der Soße auf jedem Teller verteilen und gleich genießen. Die restliche Soße im Topf warmhalten.

MEXISCHWEIN IM KOHLMANTEL

Alles Gute in einem Kohlmantel.

2 gebratene Schweinekoteletts
4-6 Spitzkohlblätter
4 Handvoll fein geschnittener Spitzkohl
2 EL Olivenöl
1 EL weißer Balsamessig
2 gekochte Maiskolben
1 Bund Koriander
Meersalz
Evtl. Chiliflocken

Avocodo-Füllung:
2 Avocados
2 Tomaten
1 rote Chilischote
Saft einer Limette
Meersalz
frisch gemahlener Pfeffer

Die Schweinekoteletts der Länge nach in schmale Streifen schneiden. Die Blätter vom Spitzkohl ablösen und etwa eine Minute lang blanchieren. Aus dem Wasser nehmen und evtl. den Strunk entfernen. Den zerkleinerten Kohl in Olivenöl und Balsamico marinieren.

Avocodo-Füllung:
Die Avocados halbieren, das Fruchtfleisch mit einem Löffel herausnehmen und in kleinere Stücke schneiden. Das Fruchtfleisch in einer Schüssel mit einer Gabel leicht zerdrücken. Die Tomaten halbieren, Kerne samt anhaftendem Fruchtfleisch herausschaben und entsorgen. Die Tomatenhälften in Würfel und die Chilischote in Scheibchen schneiden - die Kerne abschaben, wenn es nicht ganz so scharf werden soll. Tomaten und Chili zu den Avocados geben und mit Limettensaft übergießen. Wenden und mit Salz und Pfeffer abschmecken.

Die Maiskörner mit einem Messer abschaben. Kohlblätter mit Fleisch, Avocadostücken und Maiskörnern füllen. Korianderblätter darüberstreuen und mit etwas Meersalz und Chiliflocken abrunden, wenn es etwas schärfer sein darf. Zusammenrollen und gleich genießen!

Tipp:
An Stelle der Schweinekoteletts eignen sich auch Huhn oder evtl. Fleischreste.

GRÜNKOHL

Aufrecht steht der Grünkohl mit seinen herrlich grünen, krausen Blättern bei Kälte und Schnee draußen auf dem Feld. Als wahrer Überlebenskünstler hat er schon seit grauer Vorzeit die Menschen im Winter mit Vitaminen versorgt. Dieser Kohl ist nämlich extrem robust und hält selbst hartem Frost stand, was ihm eine gewisse Zähigkeit in punkto Haltbarkeit und Konsistenz verleiht. Als Rohkost sollte er ganz fein geschnitten werden. Mit einem schmackhaften Öl-Essig-Dressing ist er dann ein echtes Highlight. Kurz in der heißen Pfanne geschwenkt lässt er sich leichter kauen und sein herrliches Grün noch besser hervortreten. Aber nur kurz anbraten, sonst verbrennen die Vitamine.

Grünkohl ist seit über 2000 Jahren bekannt und eines der ältesten Gemüse des Nordens. In Wirklichkeit aber stammt er von den Küsten des Mittelmeeres und den Atlantikküsten Englands und Frankreichs. Er ist auch die Sorte Kohl, die dem Wildkohl am nächsten kommt, daher gilt er auch als Stammvater der heutigen Kohlsorten. Insbesondere in Nord- und Südjütland war Grünkohl in der kalten Jahreszeit das Hauptnahrungsmittel, viele Gerichte dieser Region zeugen noch heute davon. Insbesondere in der Weihnachtszeit knüpfen sich viele Traditionen an den Grünkohl. In Vendsyssel ist er aus der Weihnachtszeit gar nicht wegzudenken. Grünkohl diente denjenigen, die sich keine Tanne leisten konnten, sogar als Ersatz für den Weihnachtsbaum. Da holte man einfach die größten Strünke vom Feld und band sie zu einem Weihnachtsbaum.

Grünkohl gilt als eine der gesündesten Kohlsorten. Reich an den Vitaminen A, B und C, decken schon 50 g Grünkohl den Tagesbedarf an den Vitaminen K und C, sowie den an Vitamin A. Reich auch an Ballaststoffen stärkt er das Herz-Kreislauf-System und soll gewissen Krebsformen, z. B. Darmkrebs, vorbeugen.

Saison: Grünkohl kann zwischen Juli und April geerntet werden, ist aber primär in den Wintermonaten im Handel.

GRÜNE ENERGIE

2 GLÄSER

Kohl tut's auch als Saft - hier mit Ingwer und Limette. Ein echter Vitamin-Kick für den Körper.

200 g Grünkohl am Strunk
ca.70g frischen Spinat
200 g Ananasfruchtfleisch (ca. 1 Ananas)
2 Limetten, geschält
1 Stück Ingwer, geschält, 3-5 cm (je mehr Ingwer, desto schärfer)

Spinat und Grünkohl gründlich waschen. Ananas und Limette schälen und alles zusammen in einen Entsafter geben. Den Saft auspressen und gleich trinken - vielleicht mit Eiswürfeln im Glas.

Tipp:
Früchte und Gemüse vor dem Entsaften kühl lagern. Das ergibt einen herrlich kühlen Saft.

ANGESCHWITZTER GRÜNKOHL

– MIT GRANATAPFELKERNEN UND TAHIN-DRESSING

Dieser Salat hat einen nahöstlichen Touch und passt deshalb besonders gut zu beispielsweise Lamm oder Huhn. Der Salat bekommt mehr Fülle mit gekochten Couscous, Quinoa oder Kichererbsen.

1 Aubergine
Salz zum Entwässern
400 g entrippter Grünkohl, gehackt
Olivenöl zum Braten
1 Granatapfel
eine Handvoll glatte Petersilie, abgezupfte Blättchen
Salz und Pfeffer

Tahin-Dressing:
1 dl Tahin, Sesampaste
1 dl Wasser
1 kl. Knoblauchzehe, gerieben
Saft von einer Zitrone

Die Aubergine in Scheiben schneiden und mit Salz bestreut etwa 30 Minuten ziehen lassen. In einer Pfanne mit Olivenöl grillen oder auf ein mit Backpapier ausgelegtes Backblech legen, mit Olivenöl beträufeln und im Ofen bei 200° backen, bis sie leicht golden sind. Herausnehmen, abkühlen lassen und dann in kleinere Stücke schneiden.

Olivenöl in einer tiefen Pfanne erhitzen und den Kohl darin anschwitzen, bis er etwas zusammenfällt. Beiseitestellen.

Tahin-Dressing:
Tahin mit Wasser, Knoblauch und Zitrone mischen. Mit Salz und Pfeffer abschmecken. Das Dressing muss flüssig sein, damit es sich gut untermischen lässt. Ggf. etwas mehr Wasser dazutun, um es zu glätten. Grünkohl und Aubergine auf einer Platte anrichten und das Dressing darüber verteilen. Die Kerne aus dem Granatapfel klopfen und über den Salat geben. Glatte Petersilie, Salz und frisch gemahlenen Pfeffer darüber streuen und servieren.

Tipp:
Sollte das Tahin etwas zu bitter sein, kann man mit ein wenig Honig Abhilfe schaffen.

WARMER SALAT

– MIT HOKKAIDO UND GEBRATENEN PILZEN

1 Hokkaido
400 g entrippter Grünkohl
½ dl Cidre-Essig
½ dl Olivenöl
400 g Portobello-Pilze oder andere Pilze
Olivenöl zum Braten

1 EL Balsamico
Meersalz
100 g Haselnüsse, geröstet, am liebsten frische, sofern erhältlich
evtl. glatte Petersilie

Den Ofen auf 200° vorheizen. Den Kürbis halbieren und mit der Schnittseite auf ein, mit Backpapier ausgelegtes Blech, in den Ofen schieben. Backen, bis er einigermaßen gar ist, ca. 30-40 Minuten. Er soll noch etwas Biss haben. Abkühlen lassen. In der Zwischenzeit den Grünkohl vorbereiten. Die Blätter vom Stock abbrechen, waschen und trocken tupfen. Feinhacken und beiseitestellen. Die Kerne aus dem Hokkaido schaben. Eine Hälfte in Würfel schneiden. Die andere Hälfte aufbewahren und beispielsweise für eine Suppe verwenden, oder ihn weiter backen lassen und zu Püree verarbeiten.

Olivenöl und Apfelessig in eine Schüssel gießen und gut verrühren. Die Kürbiswürfel hinzufügen und wenden. Zwei Minuten marinieren lassen, dann den Kohl vorsichtig unterheben. Die Pilze säubern, in Scheiben schneiden und in einer heißen Pfanne ggf. in kleineren Portionen mit etwas Öl braten, bis sie eine schöne Bratkruste bekommen. Balsamico darüber gießen und einkochen lassen. Mit Salz bestreuen, in die Schüssel mit dem Grünkohl und dem Kürbis geben und unterheben. Die Nüsse entweder auf einer Pfanne oder auch im Ofen rösten, bis sich die Schale löst und sie goldbraun sind. Grob hacken und darüberstreuen. Vielleicht noch glatte Petersilie darüberstreuen.

Mit Huhn, Fisch oder einem der herbstlich deftigen Fleischgerichte servieren.

Tipp:
Den Salat beizeiten vorbereiten, damit er gut ziehen kann. Das macht den Grünkohl zarter. Eigentlich ist er am nächsten Tag dann ganz perfekt.
Für eine leichtere Variante den Kürbis durch Brombeeren ersetzen.

GEBEIZTER LACHS

– MIT GRÜNKOHL IN TARTARSAUCE

ein ganzes Lachsfilet
4 EL Meersalz
3 EL Zucker
2 EL Fenchelsamen
1 EL Koriandersamen

Grünkohl in Tartatsauce:
2 EL Kapern
7-10 Cornichons
1 dl Mayonnaise
1 dl griechischer Joghurt
Salz und Pfeffer
Saft von ½ Zitrone
300 g fein gehackter Grünkohl

Lachs:
Der Lachs muss ganz frisch sein. Die Fleischseite des Lachses mit Zucker und Salz einreiben. Fenchel- und Koriandersamen in einer trockenen Pfanne so lange rösten, bis sie zu duften beginnen. Die Kräuter in einem Mörser zerstoßen. Den Lachs auf eine ausreichend große Platte legen, mit den Kräutern bestreuen und dann mit der Fleischseite nach unten legen. Mit Frischhaltefolie abdecken und evtl. mit einem Brett o.dgl. beschweren, damit die Gewürze besser einwirken können. Zwei bis drei Tage lang marinieren lassen.

Grünkohl in Tartarsauce:
Kapern und Cornichons mittelfein hacken. Mayonnaise und Joghurt mischen, mit Salz, Pfeffer und Zitrone abschmecken. Alles in einer großen Schüssel vermengen. Den Grünkohl waschen, trocken tupfen und entrippen. Den Kohl so fein wie möglich schneiden und unter das Dressing mengen. Gut umrühren und bis zum Servieren 1 Stunde stehen lassen, damit das Aroma besser einzieht.

Den Lachs in dünne Scheiben schneiden und mit dem Grünkohlsalat servieren.

Tipp:
Der Lachs hält sich nach dem Marinieren mehrere Tage. Wenn nicht alles aufgegessen wird, kann er in Scheiben geschnitten in kleineren Portionen eingefroren werden und ein andermal als schnelle Vorspeise verwendet werden.

GRÜNKOHLCHIPS

Ein herrlicher Snack, der die traditionellen Kartoffelchips um Längen schlägt.

400 g Grünkohl, roter Grünkohl oder ähnliche Kohlsorten
Olivenöl
Meersalz

Den Grünkohl waschen, trocken tupfen und von den Strünken abrippen, aber so, dass die Blätter intakt bleiben. Die Blätter auf einem mit Backpapier ausgelegten Backblech ausbreiten. Olivenöl darüber träufeln und mit Meersalz bestreuen. Bei 150° etwa 15 Minuten backen, bis die Grünkohlblätter kross und knusprig sind. Bitte den Ofen im Auge behalten – jeder Ofen backt bekanntlich anders.

GRÜNKOHLSUPPE

Grundsuppe:
1 Huhn
2 Karotten
2 Zwiebeln
1 Zwiebel, grob gehackt
2 Lorbeerblätter
Salz und
5 schwarze Pfefferkörner

Beilage:
Pancetta oder Bacon mit Pfefferkruste
Crème fraîche
gehackte glatte Petersilie

Grünkohlsuppe:
1 Zwiebeln, gehackt
1 große Ofenkartoffel, gewürfelt
Olivenöl zum Braten
1,2 Liter Grundsuppe
200 g entrippter Grünkohl, gehackt,
1 Bund glatte Petersilie (75 g)
Salz und Pfeffer
Apfelessig

Grundsuppe:
Das Huhn säubern und in einen ausreichend großen Topf geben. Karotten und Zwiebeln schälen und die Zwiebeln halbieren. In den Topf geben und mit Wasser auffüllen, bis alles knapp bedeckt ist. Mit Lorbeerblättern und Pfefferkörnern aufkochen lassen. Das Huhn etwa eine Stunde lang köcheln lassen, bis das Fleisch gar ist. Die Suppe abseihen und das Huhn entnehmen. Das Fleisch entweder mit der Suppe servieren oder tags darauf für Salate, Sandwiches oder ein Wok-Gericht verwenden. Die Suppe mit Salz abschmecken.

Grünkohlsuppe:
Die Zwiebel bei schwacher Hitze in einem geräumigen Topf glasig dünsten. Kartoffeln beigeben und einige Minuten bei schwacher Hitze anschwitzen. Mit 1,2 Liter Grundsuppe auffüllen und etwa 15 Minuten kochen lassen, bis die Kartoffeln gar sind. Den Grünkohl und die Hälfte der Petersilie zugeben, weitere drei Minuten kochen lassen bzw. bis der Kohl weich ist. Die Suppe pürieren, bis sie sämig und schön grün ist. Mit Salz, Pfeffer und evtl. Apfelessig abschmecken.

Beilage:
Pancetta schneiden und in einer trockenen Pfanne rösten. Restliche Petersilie hacken. Die Suppe mit einem ordentlichen Klacks Crème fraîche, Pancetta und Petersilie garnieren.

GRILLKOTELETTS

– MIT GRÜNKOHLPESTO

Das schmeckt fast nach Sommer, auch wenn das Gericht mitten im tiefsten Winter serviert wird.

Grünkohlpesto:
150 g entrippter Grünkohl
100 g Haselnüsse
1 kleine Knoblauchzehe
2-2 ½ dl geschmacksneutrales Öl
75 g Nordseekäse oder Parmesan
Meersalz
1 TL Sirup

Beilage:
Gekochte kleine Kartoffeln oder Brot

Salat:
2 Romana Herzen, gewaschen und getrocknet
100 g entrippter Grünkohl, gehackt
1 Zitrone, in Spalten geschnitten

4 schöne Koteletts
Olivenöl
Salz und Pfeffer

Grünkohlpesto:
Den Grünkohl waschen, trocken tupfen und entrippen. Die Nüsse in einer warmen, trockenen Pfanne oder im Ofen bei 150° rösten. Sobald sie zu duften beginnen, vom Herd (oder aus dem Ofen) nehmen. Zum Enthäuten mit einem Tuch abreiben. Einige Nüsse für den Salat zurückhalten. Grünkohl, geröstete Nüsse, Knoblauch und Öl in einen Mixer geben. Nach und nach die Käsestückchen beigeben und mixen, bis die Konsistenz glatt ist. Nicht verwendetes Pesto in ein Glas füllen und kühl stellen. So hält es sich bis zu zwei Wochen lang.

Salat:
Die Salatherzen zerpflücken und mit dem gehackten Grünkohl in eine Schüssel geben. Zwei bis drei Löffel Pesto mit etwas Olivenöl verrühren und unter den Salat mischen.

Die Koteletts in einer heißen Pfanne grillen oder braten.

Zusammen mit dem Salat, etwas zusätzlichem Grünkohlpesto und den kleinen Kartoffeln oder Brot servieren. Mit Zitronenspalten garnieren.

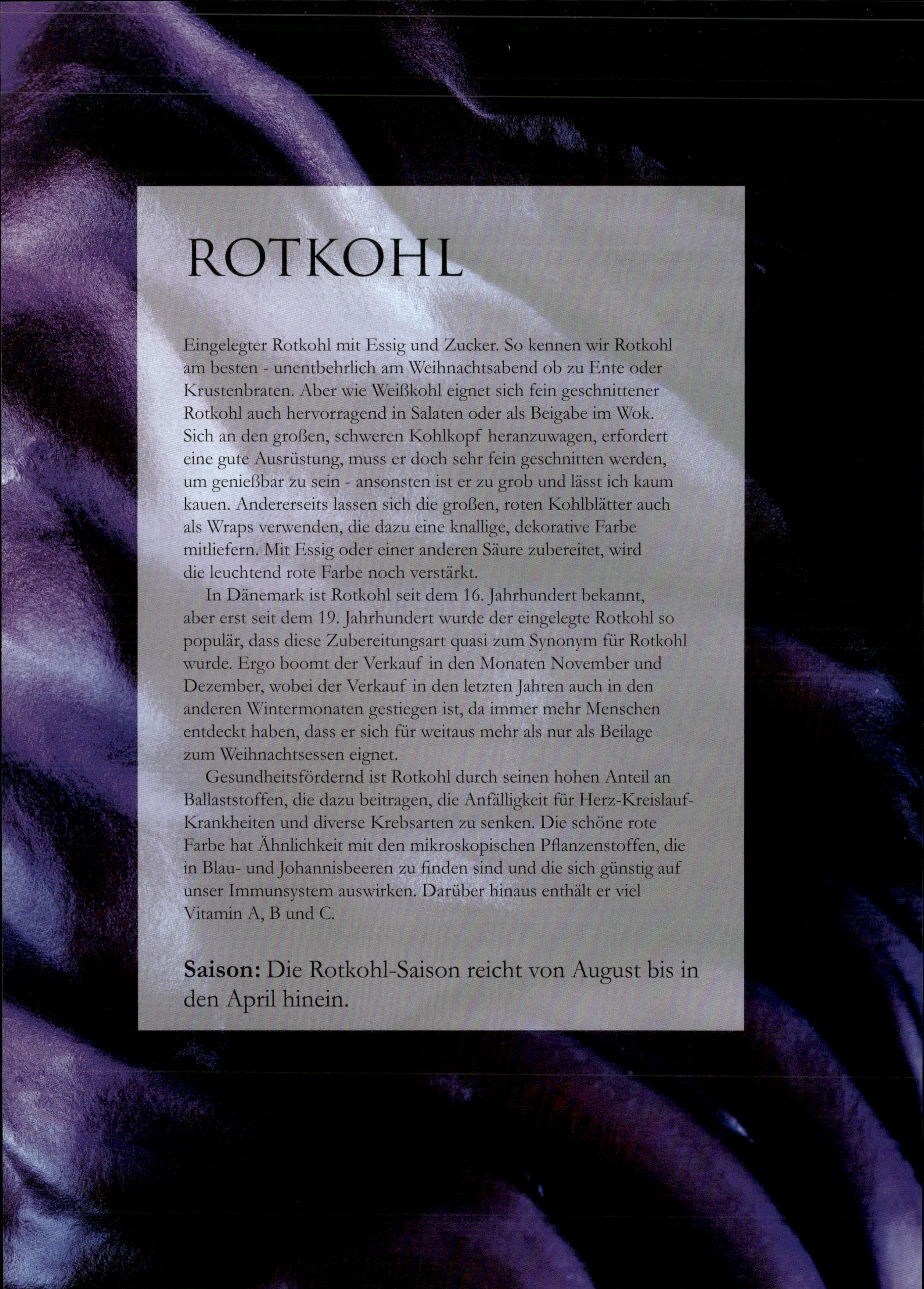

ROTKOHL

Eingelegter Rotkohl mit Essig und Zucker. So kennen wir Rotkohl am besten - unentbehrlich am Weihnachtsabend ob zu Ente oder Krustenbraten. Aber wie Weißkohl eignet sich fein geschnittener Rotkohl auch hervorragend in Salaten oder als Beigabe im Wok. Sich an den großen, schweren Kohlkopf heranzuwagen, erfordert eine gute Ausrüstung, muss er doch sehr fein geschnitten werden, um genießbar zu sein - ansonsten ist er zu grob und lässt ich kaum kauen. Andererseits lassen sich die großen, roten Kohlblätter auch als Wraps verwenden, die dazu eine knallige, dekorative Farbe mitliefern. Mit Essig oder einer anderen Säure zubereitet, wird die leuchtend rote Farbe noch verstärkt.

In Dänemark ist Rotkohl seit dem 16. Jahrhundert bekannt, aber erst seit dem 19. Jahrhundert wurde der eingelegte Rotkohl so populär, dass diese Zubereitungsart quasi zum Synonym für Rotkohl wurde. Ergo boomt der Verkauf in den Monaten November und Dezember, wobei der Verkauf in den letzten Jahren auch in den anderen Wintermonaten gestiegen ist, da immer mehr Menschen entdeckt haben, dass er sich für weitaus mehr als nur als Beilage zum Weihnachtsessen eignet.

Gesundheitsfördernd ist Rotkohl durch seinen hohen Anteil an Ballaststoffen, die dazu beitragen, die Anfälligkeit für Herz-Kreislauf-Krankheiten und diverse Krebsarten zu senken. Die schöne rote Farbe hat Ähnlichkeit mit den mikroskopischen Pflanzenstoffen, die in Blau- und Johannisbeeren zu finden sind und die sich günstig auf unser Immunsystem auswirken. Darüber hinaus enthält er viel Vitamin A, B und C.

Saison: Die Rotkohl-Saison reicht von August bis in den April hinein.

ROTKOHLSALAT

– MIT ORANGEN, NÜSSEN UND CHILI

Ein strahlend leuchtender Salat voller guter Zutaten für die dunklen Wintermonate, in denen Erkältungen drohen.

½ Rotkohl
eine gute Handvoll Grünkohlblätter (weggelassen, wenn keine Saison ist)
2-3 Clementinen oder 1 kleine Orange
½ rote Chilischote
50 g Haselnüsse

Dressing:
3 cm Ingwer
3 EL Fischsoße
Saft von ½ Limette
1 EL süße Chilisoße
eine Handvoll glatte Petersilie

Den Rotkohl mit einer Mandoline oder Ähnlichem ganz fein hobeln. Den Grünkohl gründlich waschen und die Blätter fein hacken. Die Clementinen schälen und in Spalten zerteilen. Den Chili in feine Scheibchen schneiden - evtl. vorher die Kerne entfernen, wenn es nicht zu scharf werden soll. Alle Zutaten in eine Schüssel geben. Die Nüsse in einer warmen, trockenen Pfanne so lange rösten, bis sich die Haut zu lösen beginnt. Die Nüsse zum Enthäuten noch zusätzlich abreiben, dann grob hacken und in den Salat geben.

Dressing:
Den Ingwer schälen und ganz fein zerreiben. Ingwer, Fischsoße, Zitronensaft und Chilisoße zu einem Dressing verrühren. Über den Salat gießen und gründlich mischen. Die Petersilie grob hacken und zuletzt darüberstreuen. Geeignet als Beilage zu Wintergerichten - zu Huhn, Lachs, rotem Fleisch oder Ente.

KLASSISCHER ROTKOHL

Rotkohl hat seine Spitzensaison in der Winter- und Weihnachtszeit. Er lässt sich schnell zubereiten und selbstgemacht schmeckt er um vieles besser als der aus dem Glas. Gut ist, dass man ihn bereits mehrere Tage im Voraus kochen kann. Dadurch gewinnt er nur noch an Geschmack.

1 Rotkohl, ca. 1.500 g
2 EL Olivenöl
1 dl frisch gepresster Orangensaft
1 dl Rotwein
125 g Zucker
1 Stange Zimt
1 Lorbeerblatt
4 Gewürznelken
1 EL Kirsch- oder Apfelessig
Salz und Pfeffer

Den Rotkohl so fein wie möglich schneiden - vorzugsweise mit einer Mandoline. Das Olivenöl in einem großen Topf erhitzen und den Kohl hineingeben. Ein paar Minuten anbraten, bis er leicht zusammenfällt. Die übrigen Zutaten beifügen. Etwa 30-40 Minuten garen lassen. Mit Essig, Salz und Pfeffer abschmecken. Wer es säuerlicher mag, mischt noch etwas Essig bei.

Zu den Klassikern Ente oder Krustenbraten servieren, aber auch mal kalt probieren, z. B. in einem Sandwich mit kaltem Krustenbraten.

BLITZWOK

– MIT ENTE UND KOHL

Kohl eignet sich hervorragend für asiatische Gerichte, bei denen er das Aroma und den Saft aufsaugt.

1-2 Entenbrüste
½ rote Chilischote
2 rote Zwiebeln
¼ Rotkohl
1 Brokkoli
Sesamöl zum Bräunen
Sesamsamen

Marinade:
1 dl Austernsoße
2 TL Ingwer, gerieben
2 EL Cidre-Essig
1 EL Akazienhonig
Salz und frisch gemahlenen Pfeffer

Beilagen:
Reisnudeln oder Reis
Koriander, Limette und evtl. zusätzlichen Chili

Das Entenfleisch in die gewünschte Größe zerkleinern. Die Marinade verrühren und das Fleisch darin marinieren. Ziehen lassen - möglichst für ein paar Stunden.

Die Chilischote in feine Scheibchen schneiden. Die Zwiebeln schälen und in dünne Streifen schneiden. Den Kohl schneiden und den Brokkoli in kleinere Röschen zerteilen. Einen Wok erhitzen, etwas Sesamöl hineingießen und das Fleisch darin braten. Danach Zwiebeln und Chili in den Wok geben, zum Schluss Rotkohl und Brokkoli beigeben.

Vor dem Servieren Sesamsamen darüberstreuen und zusammen mit Nudeln oder Reis servieren. Nach Wunsch mit Korianderblättchen, Limettenspalten und roten Chiliringen garnieren.

MITTAGSSALAT

– MIT ROTKOHL UND GERÄUCHERTEM WILD

Einfacher und aromatischer Salat, evtl. mit Blauschimmelkäse verfeinern.

300 g Rotkohl
1 feste Birne
50 g Preiselbeeren
200 g Rehkeule, geräuchert
oder Schweinefilet, geräuchert
50 g Walnüsse
frisch gemahlener Pfeffer

Dressing:
2 EL Apfelessig
3 EL Walnuss- oder Olivenöl
1 EL flüssiger Honig
Meersalz und frisch gemahlener Pfeffer

Den Kohl in feine Streifen schneiden und in eine Schüssel geben. Die Birne waschen und abtrocknen, in feine Scheiben schneiden und ebenfalls in die Schüssel geben. Die Preiselbeeren beimengen.

Alle Zutaten für das Dressing gut verrühren und unter den Salat mischen.

Das geräucherte Fleisch in Scheiben schneiden und über dem Salat verteilen. Mit gehackten Walnüssen garnieren und schwarzen Pfeffer darüber mahlen.

Tipp:
Vielleicht noch etwas geschmackvollen Blauschimmelkäse darüber bröseln.

KEBAB IN ROTKOHL

Kebab:
400 g Rinderhack
1 Knoblauchzehe, gehackt
eine kleine Handvoll Petersilie, gut gewaschen, getrocknet und gehackt
3 TL Salz
frisch gemahlener Pfeffer
1 TL Kreuzkümmel

glatte Petersilie
Grillspieße
evtl. 50 g Qualitäts-Feta
evtl. Harissa Gewürzpaste

Rotkohl:
1 Rotkohl
2 EL Weißwein- oder Cidre-Essig
2 EL Olivenöl
1 TL Sirup oder Honig
Salz und Pfeffer

Baba ganoush:
1 Aubergine
½ dl Tahin
Saft von 1½ Zitronen
2 TL Kreuzkümmel
1 Knoblauchzehe
Salz

Kebab:
Rinderhack, Knoblauch, Petersilie, Salz und Pfeffer vermengen. Den Kreuzkümmel mörsern und der Mischung beimengen. Kühl stellen.

Rotkohl:
Die äußeren Blätter des Rotkohls abnehmen, um je nach Bedarf 4-6 passende Blätter zu haben. Den Rotkohl - je nach Wunsch und Hunger - vierteln oder halbieren, fein schneiden und in eine Schüssel geben. Dann mit Essig, Olivenöl und Sirup übergießen und ziehen lassen. Inzwischen die übrigen Zutaten zubereiten. Zum Schluss mit Salz und Pfeffer abschmecken.

Baba Ganoush:
Ofen auf 200° vorheizen. Die Aubergine mit einer Gabel einstechen und als Ganzes für etwa 30 Minuten in den Ofen stellen, bis sie zu schrumpfen beginnt. Herausnehmen und der Länge nach halbieren. Das Fruchtfleisch mit einem Löffel herauslösen. Den Kreuzkümmel mörsern und alle Zutaten vermengen. Mit Salz abschmecken.

Fleischkugeln formen und auf die Spieße stecken, diese grillen oder braten, bis das Fleisch durch ist. Die Rotkohlblätter mit etwas Baba Ganoush und einer kleinen Portion Rotkohl füllen. Die Fleischspieße auflegen, mit Petersilie bestreuen und nach Wunsch mit Feta und Harissa belegen. Und gleich genießen!

DÄNISCHES KRUSTENBRATEN-SANDWICH

– MIT KURZ MARINIERTEM ROTKOHL UND SENFCREME

Einfacher und aromatischer Salat, der nach Wunsch mit Blauschimmelkäse verfeinert werden kann.

4 leckere Sandwichbrötchen
4-6 Scheiben Krustenbraten

Kurz marinierter Rotkohl:
¼ Rotkohl
2 EL Weißwein- oder Cidre-Essig
2 EL Olivenöl
1 TL Sirup
Salz und Pfeffer

Senfcreme:
1 dl Crème fraîche
1 dl Mayonnaise
1 EL grobkörniger Senf
½ TL Sirup
1 TL Zitronensaft

4 Essiggurken, in Scheiben geschnitten
evtl. 4 Handvoll gemischter Salat

Kurz marinierter Rotkohl:
Den Rotkohl ganz fein schneiden. Zusammen mit Essig, Olivenöl und Sirup in eine Schüssel geben und durchmischen. Etwa 20 Minuten ziehen lassen, bis der Kohl leicht zusammenfällt.

Senfcreme:
Crème fraîche und Mayonnaise verrühren. Mit Senf, Zitronensaft, Salz und Pfeffer abschmecken.

Die Sandwichbrötchen im Ofen oder auf einem Toaster aufwärmen, durchschneiden und mit Senfcreme bestreichen. Rotkohl, Bratenscheiben und Essiggurken darauf verteilen. Wer noch eine grüne Note wünscht, gibt eine Handvoll Salat in sein Sandwich. Und gleich genießen!

ROTER WALDORF

Als Kind habe ich Waldorfsalat geliebt. Hier nun das Upgrade mit Rotkohl, der zu allem passt - zu gefülltem Geflügel wie Truthahn, Ente und Huhn oder einem Krustenbraten.

½ Rotkohl
1 großer Apfel oder 2 kleine Äpfel, säuerliche Sorte
3 Stangen Blattsellerie
blaue oder grüne Weintrauben nach Belieben
100 g Walnüsse

Dressing:
½ dl Mayonnaise
1 dl Crème fraîche
½ EL Rohrzucker
1 TL Dijon-Senf
Salz und Pfeffer

Den Rotkohl ganz fein schneiden und in eine Schüssel geben. Den Apfel in kleine Würfel und den Blattsellerie in feine Scheiben schneiden. Die Weintrauben durchschneiden und entkernen, falls erforderlich. Einen kleinen Teil für die Deko zurückhalten. Die Walnüsse fein hacken und auch hier etwas für die Deko beiseitelegen. Alle Zutaten - Apfel, Blattsellerie, Weintrauben und Walnüsse - unter den Rotkohl mischen. Die Zutaten für das Dressing verrühren und mit Salz und frisch gemahlenem Pfeffer abschmecken. Das Dressing unter den Salat mengen. Mit den halbierten Walnüssen und Weintrauben garnieren.

BROKKOLI

Brokkoli ist eine der neueren Kohlsorten in der dänischen Küche. Seine Form unterscheidet sich jedoch wesentlich von den traditionellen Kopfkohlen. Brokkoli gehört auch einer anderen Familie an - nämlich der der Kreuzblütengewächse - und sein Aussehen erinnert an eine Ansammlung kleiner Bäume. Im Gegensatz zu den großen Kohlköpfen erfordert Brokkoli nur einen minimalen Arbeitsaufwand. Er ist blitzschnell vor- und zubereitet. Es reicht eigentlich schon, ihn kurz und schonend zu dämpfen und mit einem Klacks Butter anzureichern. Das macht Brokkoli zu einem einfachen und günstigen Alltagsgemüse. Doch wird er leider - wie andere Kohlsorten- häufig verkocht, verliert dadurch an Biss und büßt seinen feinen, milden und leicht an Spargel erinnernden Geschmack ein, dem er den Beinamen Spargelkohl verdankt.

Sein Name leitet sich vom Italienischen „brocco" - kleiner Stiel oder Sprosse - ab. Es war nämlich in Italien, wo er aus wilden Kohlsorten gezüchtet wurde und von dort Verbreitung fand. Brokkoli ist seit über 2000 Jahren bekannt. Laut der dänischen Konsumgenossenschaft Coop dauerte es jedoch bis Anfang der 1960er Jahre, bis er tiefgefroren in dänischen Lebensmittelläden erhältlich war, und erst seit den 80er Jahren gibt es ihn hier auch frisch zu kaufen. In den 90er Jahren hatte er dann seinen Durchbruch, massiv unterstützt von Frauenzeitschriften und Lobpreisungen der gesundheitlichen Zuträglichkeit von Brokkoli.

Brokkoli hat einen hohen Vitamin-C-Gehalt - bis zum zweifachen dessen, was Orangen und Zitronen aufweisen. Außerdem enthält er die Vitamine A und K, Folsäure, Kalium, Kalzium, Magnesium und Phosphor.

Doch auch hier ist schonende Zubereitung angebracht, sonst werden die gesunden Vitamine mit dem Kochwasser ausgeschüttet. Brokkoli punktet insbesondere bei der Krebsvorbeugung. Mehrere Studien belegen, dass er das Risiko herabsetzt, an diversen Krebsarten zu erkranken. Auch wirkt er sich förderlich auf das Herz-Kreislauf-System aus.

Saison: Dänischer Brokkoli ist im Sommer, ausländischer - insbesondere italienischer und spanischer - ganzjährig erhältlich.

BROKKOLI

– MIT AVOCADO, QUINOA UND WALNÜSSEN

Ein echter Star auf dem Mittagstisch. Und dann noch prall gefüllt mit Gesundheit. Das Rezept ist für zwei Personen gedacht oder aber als Beilage zum Hauptgericht für drei bis vier Personen.

2 dl schwarze Quinoa
4 dl Wasser

Vinaigrette:
2 EL Cidre-Essig
½ dl Olivenöl
1 TL Dijon-Senf
1 TL Sirup oder Honig
Meersalz und Pfeffer

1-2 Brokkoli
2 Avocados
250 g Kirschtomaten
50 g Walnüsse
½ Bund Basilikum

Beilagen:
Brot

Die Quinoa gründlich waschen. Etwa 20 Minuten kochen bzw. nach Anleitung auf der Packung. In dieser Zeit die Vinaigrette zusammenrühren. Die Quinoa ausdampfen lassen, in eine weite Schüssel geben und in der Vinaigrette wenden. Mit Salz und Pfeffer abschmecken.

Den Brokkoli für ein paar Minuten dämpfen, sodass er gar wird, ohne seinen Biss zu verlieren. Kalt abschrecken und in einem Sieb abtropfen lassen. Danach den Brokkoli in kleinere Röschen zerpflücken und in die Schüssel mit der Quinoa geben. Den Brokkoli-Strunk in kleinere Stückchen schneiden und dem Salat beifügen. Die Avocados halbieren, das Fruchtfleisch in kleinere Stücke schneiden und über dem Salat verteilen. Die Tomaten halbieren und in den Salat geben. Die Walnüsse ggf. hacken und zuletzt zusammen mit den Basilikumblättern über den Salat streuen. Mit Brot servieren.

Der Salat macht sich gut, so wie er ist, eignet sich aber auch als Beilage zu gebackenem Lachs oder gebratenem Hühnerfleisch.

FISCHFRIKADELLEN

– MIT GROBER REMOULADE

Fischfrikadellen:
2-3 Scheiben Weißbrot ohne Kruste
3 dl Milch
1 kleine Zwiebel
500 g gehackten Fisch,
z. B. Köhler oder Kabeljau
2 TL Salz
1 TL weißen Pfeffer
Butter zum Braten

Beilagen:
Zitronenspalten
Ofenkartoffeln

Grobe Remoulade:
1 Brokkoli, ca. 400 g
1 Karotte
½ dl Mayonnaise
½ dl Crème fraîche
½ dl Senfgurken, fein gehackt, vom Typ 'Picalilly'
5 Cornichons
1 EL Kapern
evtl. Salz und Pfeffer

Fischfrikadellen:
Das Brot in der Milch einweichen. Die Zwiebel fein gehackt unter den Fisch mengen. Das Brot ausdrücken und beifügen. Die Masse in einem Food Processor oder einer Küchenmaschine zu einer geschmeidigen Masse verarbeiten. Mit Salz und Pfeffer abschmecken und einige Stunden im Kühlschrank ziehen lassen. Die Masse zu Frikadellen formen und diese in Butter goldbraun und knusprig braten.

Grobe Remoulade:
Den Brokkoli 2-3 Minuten blanchieren, gerade so viel, dass er Farbe annimmt, aber noch immer knackig ist. Vom Herd nehmen und mit kaltem Wasser abschrecken. Den Brokkoli in der Mitte durchschneiden und in einem Sieb gut abtropfen lassen. Die Karotte schälen und mit einem Sparschäler oder einem Schälmesser in hauchdünne Streifen schneiden.

Mayonnaise und Crème fraîche in einer Schüssel verrühren. Senfgurken, die klein gehackten Cornichons und Kapern dazugeben. Den Brokkoli in kleine Röschen teilen, den Strunk fein hacken und in die Mischung geben. Die Karottenstreifen hinzufügen und umrühren. Mit Salz und Pfeffer abschmecken.

Fischfrikadellen mit grober Remoulade, Zitronenspalten und Ofenkartoffeln servieren.

BROKKOLISALAT

– MIT SPARGEL, FRÜHLINGSZWIEBELN UND KÖRNERN

Brokkoli wird auch Spargelkohl genannt, und diese beiden grünen Wunder passen hervorragend zusammen.

100 g dänische Ölandweizenkörner oder Roggenkerne
1 Brokkoli
1 Bund grüner Spargel
3 Frühlingszwiebeln

Dressing:
1 dl Naturjoghurt
1 EL süßer Senf (oder 2 TL Dijon Senf und 1 TL Akazienhonig)
1 TL Curry
Salz und Pfeffer
1 EL Schwarzkümmelsamen
glatte Petersilie

Die Körner nach Packungsanleitung kochen und abkühlen lassen.

Die Köpfe vom Brokkoli abschneiden und in mundgerechte Röschen zerteilen. Etwa 2 Minuten dämpfen, sodass sie noch knackig bleiben. Mit kaltem Wasser abschrecken und abtropfen lassen. Die Strünke gründlich waschen und in feine Streifen schneiden oder reiben. Allen Brokkoli in eine Schüssel geben. Den Spargel 2 Minuten dämpfen, mit kaltem Wasser abschrecken und abtropfen lassen. In kleine Stücke zerteilen. Die Frühlingszwiebeln in feine Ringe schneiden und mit den gekochten Körnern in die Schüssel geben.

Die Zutaten für das Dressing gut verrühren und mit Salz abschmecken. Das Dressing unter den Salat mischen. Zuletzt mit reichlich Schwarzkümmelsamen und glatter Petersilie bestreuen.

Tipp:
Außerhalb der Spargelsaison einfach mehr Brokkoli verwenden.

GRÜNER HUMMUS

Der Hit, wenn es an die Snacks geht. Der Hummus eignet sich auch als Beilage zu Fleisch, Fisch oder im Pitabrot.

125 g getrocknete Kichererbsen
1 Brokkoli
1 EL Kreuzkümmel
½ dl Tahin
1 Knoblauchzehe
½ EL grobes Salz
1 dl Naturjoghurt
Saft von 2 kleinen oder 1 großen Zitrone

Weitere Zutaten:
Karotten, Salatgurke, Paprika, Rettich und anderes Grün, mit dem sich gut dippen lässt.

Die Kichererbsen über Nacht einweichen. Das Wasser abschütten und die Kichererbsen in einen Topf voll Wasser geben, sodass sie abgedeckt sind. Etwa 30 Minuten garen.

Den Brokkoli dämpfen, bis er gerade gar, aber noch knackig ist. Auch den Strunk mitkochen. Den gedämpften Brokkoli herausnehmen und das Kochwasser aufbewahren.

Den Kreuzkümmel in einer trockenen Pfanne rösten und danach in einem Mörser zerstoßen. 250 g Brokkoli und die Kichererbsen in einen Mixer geben. Dann Kreuzkümmel, Tahin, Knoblauch, Salz, Joghurt und Zitronensaft unterrühren, bis eine geschmeidige Masse entsteht. Etwas Kochwasser vom Brokkoli beigeben, um die Masse leichtgängiger zu machen. Mit Salz, Pfeffer und evtl. zusätzlichem Zitronensaft abschmecken. Den restlichen Brokkoli zusammen mit den übrigen, vorbereiteten Snackgemüsen zum Dippen servieren.

ROHER BROKKOLISALAT

- MIT THUNFISCH

ALS HAUPTSPEISE FÜR ZWEI ODER ALS VORSPEISE FÜR VIER

Erfrischender Salat mit roh geriebenem Brokkoli und der gesamten Vitamin-Ausbeute.

1 Brokkoli
1 Dose Thunfisch guter Qualität
2 Stangen Blattsellerie
1 reife Avocado
Zesten von 1 Zitrone
glatte Petersilie
Salz und frisch gemahlenen Pfeffer

Dressing:
1 EL Honig
Saft von 1 Zitrone
½ dl Olivenöl
1 TL Dijon-Senf

Beilage:
Geröstetes Roggenbrot

Den Brokkoli waschen und mit einem scharfen Messer fein zerteilen. Von außen nach innen arbeiten. Den fein geschnittenen Brokkoli in eine Schüssel geben.

Dressing:
Von der Zitrone Zesten abziehen und beiseitestellen. Dann die Zitrone auspressen und mit dem Honig in einer Schüssel gut verrühren. Olivenöl nach und nach tropfenweise unterrühren, damit das Dressing andickt. Dijon-Senf dazugeben und mit Salz abschmecken.

Das Wasser vom Thunfisch abgießen. Die Fischstücke gut mit Brokkoli und Dressing verrühren. Den Blattsellerie in feine Scheibchen und die Avocado in Würfel schneiden. Alles miteinander vermengen und auf tiefen Tellern anrichten. Mit Salz und frisch gemahlenem Pfeffer bestreuen, mit Petersilie und Zitronenzesten garnieren. Dazu geröstetes Roggenbrot servieren.

Tipp:
Mit gehackten Salzmandeln bestreut wird der Salat extra knackig.

GEBACKENE ZWIEBELN

- MIT BROKKOLI UND BALSAMICO-GLACÉ

Eine intensive Begegnung von Brokkoli, gebackenen Zwiebeln und eingekochtem Balsamico.

2-3 kleine rote Zwiebeln
Olivenöl
Balsamico
Salz
Thymianzweige
1 großer oder 2 kleine
Brokkoli

Balsamico-Glacé:
½ dl Balsamico
1 EL Rohrzucker

50 g weicher Ziegenkäse
Thymianblättchen
Schale einer ½ Zitrone

Den Ofen auf 175° einstellen. Die roten Zwiebeln schälen und quer durchschneiden. In eine - evtl. mit Backpapier ausgelegte - feuerfeste Form legen. Die Schnittflächen der Zwiebeln sollen nach oben zeigen. Mit Olivenöl und Balsamico beträufeln und mit Salz und frischen Thymianblättern bestreuen. Die Zwiebeln im Ofen etwa 20 Minuten backen, bis sie weich sind.

Den Brokkoli halbieren und in eine andere Form geben. Mit Olivenöl beträufeln und etwa 15 Minuten backen, bis er gar ist.

Balsamico-Glacé:
Balsamico und Zucker in einen Topf geben und zu einem dicken Sirup reduzieren. Sobald sich große Blasen bilden, ist die Glacé fertig. Sollte sie zu dick geraten sein, einfach noch Balsamico dazugeben.

Brokkoli in mundgerechte Stücke schneiden und auf einer Platte anrichten. Zwiebeln darauf verteilen und evtl. den Saft von den Zwiebeln mitverwenden. Balsamico-Glacé sowie kleine Stückchen Ziegenkäse darüber verteilen. Mit Thymian, Zitronenschale, Salz und Pfeffer bestreuen.

Als Beilage zu einem schönen Braten oder einem etwas schwereren Fleischgericht servieren.

THAI-MUSCHELN

– MIT BROKKOLI

Die Zubereitung von Muscheln ist weder schwer noch kompliziert. Dieses Gericht ist preiswert und dazu supergesund. Und außerdem passen Brokkoli und Muscheln wunderbar zusammen.

2 kg Muscheln
3 Frühlingszwiebeln oder
1 Stange Lauch
1 Stängel Zitronengras
1 Chilischote
2 Knoblauchzehen
5 cm Ingwer
Olivenöl zum Braten
2 EL grüne Currypaste
1 Dose Kokosmilch
½ dl Weißwein oder Wasser
2 EL Fischsoße
Saft von 1 Limette
1 Brokkoli, in kleinere Röschen zerteilt
1 Bund Koriander, gehackt

Beilage:
Brot oder gekochte Nudeln
Limettenspalten

Die Muscheln säubern und solche aussortieren, die bereits geöffnet oder stark beschädigt sind.

Die Zwiebeln in feine Ringe schneiden, das obere Grün für später zurücklegen. Das Zitronengras klopfen, sodass es etwas zerfasert (das lässt den Geschmack besser hervortreten) und den Stängel in feine Scheiben zerteilen. Den Chili in Ringe schneiden. Knoblauch fein hacken. Ingwer schälen und fein zerreiben.

Etwas Olivenöl in einem großen Topf erhitzen. Zwiebeln, Knoblauch und Ingwer bei mittlerer Hitze braten, bis sie weich werden. Zitronengras, Chili und Currypaste unterrühren. Kokosmilch, Wein, Fischsoße und Limettensaft dazutun und aufkochen lassen. Die Muscheln in die kochende Flüssigkeit geben und 3-4 Minuten dampfen lassen, bis sie beginnen, sich zu öffnen. Die Brokkoli-Röschen die letzten paar Minuten dazugeben, sodass sie leicht gedämpft werden. Gelegentlich umrühren oder den Topf schütteln, damit sich alle Muscheln öffnen. Muscheln, die sich nicht öffnen, entsorgen.

Mit reichlich Koriander garniert in tiefen Tellern servieren. Dazu Brot oder gekochte Nudeln reichen und noch weitere Limettenspalten beilegen.

STAUB
STAUB

CHÈVRE CHAUD

– AUF BROKKOLI

Bei der Verarbeitung von Brokkoli immer auch den Strunk verwenden. Dieser lässt sich gut für Säfte oder als Basis für einen Chèvre chaud - warmen Ziegenkäse - verwenden, der traditionell zu hellem Brot serviert wird.

Strunk von einem oder
mehreren Brokkoli
1 Rolle Ziegenkäse
Olivenöl
evtl. Thymianblätter und flüssiger Honig

Den Ofen auf 200° vorheizen. Den Strunk reinigen und in ca. 2 mm dünne längliche Scheiben schneiden. Die Scheiben auf ein mit Backpapier ausgelegtes Blech legen. Jedes Stück mit einer Scheibe Ziegenkäse belegen und mit Olivenöl beträufeln. Etwa 10 Minuten im Ofen backen, bis der Käse eine goldene Farbe annimmt und Bläschen bildet. Evtl. Thymianblätter darüber verstreuen und mit flüssigem Honig beträufeln.

Als Appetithäppchen servieren.

ROSENKOHL

Rosenkohl nimmt den letzten Platz beim Kohl-Ranking ein. Diese Kohlsorte ist bei den allerwenigsten Dänen beliebt, wie eine von der Konsumgenossenschaft Coop durchgeführte Untersuchung zeigt. Erklären lässt sich dies wahrscheinlich damit, dass viele nur völlig verkochten Rosenkohl mit einem widerlichen Geschmack und einer gräulich grünen Farbe kennen, was alles andere als appetitlich ist. Das ist wirklich schade, denn Rosenkohl ist nicht nur äußerst delikat, sondern auch leicht zuzubereiten. Man muss ihn nur kennenlernen, um ihn nicht durch übermäßiges Kochen ungenießbar zu machen. Auch ästhetisch betrachtet ist Rosenkohl von ausnehmender Schönheit - jedes Köpfchen ein Kohl im Miniformat, das aus Schichten winziger, zierlicher Blätter besteht. Widerstandsfähig ist er auch; hält er doch mit seinen kleinen, feinen Knospen selbst Eiseskälte und Schnee stand. Tatsächlich gewinnt er noch an Geschmack, wenn die Pflanze Frost ausgesetzt war.

Ursprünglich stammt der Rosenkohl, wie sein englischer Name Brussels sprouts andeutet, aus Brüssel. Er wurde nämlich im 16. Jahrhundert in großen Mengen in der Nähe von Brüssel gezüchtet. Es sollten jedoch noch fast 300 Jahre vergehen, bevor sich der Rosenkohl in Dänemark verbreitete. Sein Name bezieht sich auf die kleinen, Rosenknospen ähnelnden Köpfe, die sich am Stängel bilden. Man nimmt an, dass der Rosenkohl aus Kreuzungen unterschiedlicher Kopfkohle entstanden ist, wobei der nächste Verwandte der Wirsing ist. Daher sein scharfer, senfartiger, leicht bitterer Geschmack, der mit Zitrone oder Essig und einem vollen Umami-Aroma gezähmt werden muss, wie ihn z. B. Parmesan liefert.

Wie die anderen Kohlsorten auch, gehört Rosenkohl zu den Kreuzblütlern, die zu den gesündesten Nahrungsmitteln zählen. Neben einem hohen Gehalt an Antioxidantien und einer hohen Vitaminkonzentration enthält er den Stoff Sulforaphan, dem krebshemmende Eigenschaften zugesprochen werden. Er enthält das entzündungshemmende Vitamin K, wirkt cholesterinsenkend und schützt vor Herz-Kreislauf-Krankheiten. Reich an Ballaststoffen wirkt er sich günstig auf die Verdauung aus.

Sæson: Rosenkohl lässt sich im Garten ziehen, geerntet wird er zwischen Oktober und März. An einer Pflanze können 80-100 Köpfchen wachsen.

ROSENKOHLSALAT

– MIT BORLOTTI BOHNEN UND SÜSSEN ZWIEBELN

200 g getrocknete Borlotti Bohnen
500 g Rosenkohl
1 Apfel

Süße Zwiebeln:
1 rote Zwiebel
2 EL Cidre-Essig
etwas Honig
Meersalz und Pfeffer

Dressing:
1 EL Cidre-Essig
2 EL Olivenöl
1 gehäufter TL grobkörniger Senf
1 TL Honig

Die Bohnen nach Packungsanleitung einweichen. Gründlich spülen und ca. 15 - 20 Minuten bissfest kochen, gelegentlich nachsehen. Dann das Wasser abschütten und die Bohnen abtropfen lassen.

Die äußeren Blätter von den Blumenkohlröschen entfernen. Die Röschen halbieren. Blätter und Röschen beiseitelegen. Etwas Wasser in einen Topf füllen und einen Dampfgareinsatz hineinstellen. Falls nicht vorhanden, einfach so ins Wasser geben. Zuerst die Rosenkohlhälften darin 2-3 Minuten dämpfen, aber keinesfalls verkochen lassen. Zuletzt die Blätter dazutun und eine Minute mitkochen lassen. Das Wasser abschütten, den Rosenkohl mit kaltem Wasser abschrecken und abtropfen lassen. Die Zutaten für das Dressing zusammenrühren.

Süße Zwiebeln:
Die rote Zwiebel mit einer Mandoline dünn hobeln und in ein Glas geben. Mit Essig auffüllen, bis die Zwiebel bedeckt ist. Etwas Honig beigeben und umrühren. So wird der scharfe Zwiebelgeschmack entzogen.

Apfel ebenfalls in dünne Scheiben schneiden. Rosenkohl, Bohnen, Apfel und Zwiebel in eine Salatschüssel geben. Das Dressing untermengen und mit Meersalz und schwarzem Pfeffer bestreuen.

Als eigenständiges Gericht oder zu Koteletts vom Lamm, Schwein oder anderem Fleisch servieren.

ROSENKOHL

– MIT PARMESAN UND KAPERN

Dieses Gericht hat das Verhältnis meiner ganzen Familie zu Rosenkohl auf den Kopf gestellt. Meine Tochter hat es für ihre Geburtstage regelrecht abonniert. Es eignet sich als Vorspeise oder als Beilage zu Fleisch. Sie werden Rosenkohl lieben!

400 g Rosenkohl
1 Schalotte, fein gehackt
1 EL Olivenöl
Saft und Schale von 1 Zitrone
50 g Parmesan, gehobelt
2 EL Kapern
Salz

Die Rosenkohlröschen säubern und in leicht gesalzenem Wasser etwa 3 Minuten garen. Vom Herd nehmen und das Wasser sofort abschütten. Die Schalotte bei schwacher Hitze anschwitzen, bis sie glasig ist. Zitronensaft und Rosenkohlröschen beigeben und gut durchschwenken.

Auf einem Teller anrichten und mit Parmesanspänen, Kapern und geriebener Zitronenschale bestreuen. Und gleich genießen!

GEBACKENER ROSENKOHL

– MIT BLAUSCHIMMELKÄSE-DRESSING UND CHILI-HUHN

Der Clou beim Rosenkohl ist, eine möglichst kurze Garzeit einzuhalten. Und das klappt, wenn er in den Ofen kommt, wo er gleichermaßen weich und knackig wird.

Gebackener Rosenkohl:
400 g Rosenkohl Olivenöl
Abrieb von ½ Zitrone
50 g Pancetta

Chili-Huhn:
1 Huhn
Olivenöl
Chiliflocken
Salz und
frisch gemahlener Pfeffer

Blauschimmelkäse-Dressing:
½ dl Mayonnaise
1 dl Crème fraîche
50 g Blauschimmelkäse, zerbröckelt
Zitronensaft
Salz und Pfeffer

Chili-Huhn:
Zuerst ist das Huhn dran. Das Huhn in acht Teile schneiden und in eine ofenfeste Form legen. Mit Olivenöl beträufeln und Chiliflocken, Salz und frisch gemahlenen Pfeffer darüberstreuen. Das Huhn etwa 30 Minuten im 200° warmen Ofen braten, bis es durch ist.

Gebackener Rosenkohl:
Die Kohlröschen säubern und halbieren. In eine ofenfeste Form geben und mit Olivenöl beträufeln. Zitronenabrieb darüberstreuen. Bei etwa 200° etwa 30 Minuten backen. Gelegentlich nachsehen, ob sie gar sind. In der Zwischenzeit den Pancetta in Würfel schneiden und in einer Pfanne knusprig braten.

Blauschimmelkäse-Dressing:
Alle Zutaten für das Dressing verrühren und mit Zitronensaft, Salz und Pfeffer abschmecken.

Pancetta über die gebackenen Rosenkohlröschen verteilen und mit dem Blauschimmelkäse-Dressing servieren, das gebratene Huhn und evtl. Kartoffeln dazu reichen.

CANNELLONI

– MIT ROSENKOHL-PÜREE

Rosenkohlpüree ist die perfekte Cannelloni-Füllung.

Rosenkohlpüree:
400 g Rosenkohl, geputzt
20 g Butter
1 Zitrone, Saft und Schale
2 dl Ricotta (160 g)
Salz und weißer Pfeffer

frische Lasagneplatten
geriebener Käse, z.B.
Mozzarella

Beilage:
1 Päckchen Rucola
eine Handvoll kleine, aromatische
Tomaten
Öl und Essig
Salz und Pfeffer

Die kleinen Strünke an den Rosenkohlröschen abschneiden, die äußeren Blätter zum Strunk hin abziehen. Die Röschen vierteln und in einen Topf mit leicht gesalzenem Wasser geben. Ein Zentimeter Wasser am Boden reicht völlig. Den Rosenkohl ca. 2 Minuten dämpfen, bis er gar aber noch bissfest ist. Gelegentlich nachsehen. Das Wasser bis auf einen kleinen Rest abschütten. Den Rosenkohl zusammen mit Butter, Zitronensaft und -abrieb in einen Mixer geben. Etwas Kochwasser beimengen, falls die Masse nicht bindet. Ricotta untermengen, mit Salz und weißem Pfeffer abschmecken.

Den Ofen auf 200° einstellen. Einen Topf mit leicht gesalzenem Wasser aufsetzen. Die Lasagneplatten auseinandernehmen und nach Packungsanleitung kochen, dann in eine Schale mit kaltem Wasser geben. Je eine Platte herausnehmen, auf ein Schneidebrett legen und in der Mitte durchschneiden. Etwas Püree darauf geben. Zusammenrollen und die Rolle in eine mit Backpapier ausgelegte ofenfeste Form legen, auf deren Boden etwas Wasser schwimmt. Alle Rollen zubereiten und die Form ca. 15 Minuten in den Ofen stellen. Mit Alufolie abdecken, diese während der letzten 5 Minuten abnehmen. Die Form aus dem Ofen nehmen, etwas geriebenen Käse darüberstreuen und zum Gratinieren wieder hineinstellen. Mit einem Salat aus Rucola, halbierten Tomaten, Öl, Essig und einer ordentlichen Prise Pfeffer servieren.

NORDISCHER SALAT

– MIT ROSENKOHL, SANDDORN UND MAKRELE

Eine elegante Vorspeise mit den besten Zutaten der Nordischen Küche.

400 g Rosenkohl Olivenöl
Salz und Pfeffer
1 geräucherte Makrele
2 dl Sanddornfrüchte
2-3 Blätter Bärlauch oder Schnittlauch

Sauerrahm:
1 dl Sahne
Saft von ½ Zitrone
½ dl Bio-Crème-fraîche 38 %

Sauerrahm:
Die Zutaten in einer kleinen Schüssel vermengen und etwa 1 Stunde auf dem Küchentisch stehen lassen. Das setzt die Verdickung in Gang.

Den unteren Teil der Rosenkohlröschen abschneiden und die äußeren Blätter abstreifen. Die Röschen so fein wie möglich schneiden. Olivenöl in einer Schwenkpfanne erhitzen und den Rosenkohl darin kurz schwenken, bis sich die Farbe verändert. Die Pfanne vom Herd nehmen und den Rosenkohl auf einer Platte oder ähnlichem anrichten. Makrelenstücke darüber verteilen und mit Sanddorn bestreuen. Den Sauerrahm darüber gießen, mit Salz, Pfeffer und feingehacktem Bärlauch bestreuen.

Tipp:
Anstelle von Sanddorn lassen sich auch andere säuerliche Beeren, z. B. Johannis- oder Stachelbeeren verwenden.

SAUTIERTER ROSENKOHL

– MIT BUTTERSAUCE UND SEEHASENROGEN

So wird Rosenkohl zu einem Luxus-Gericht.

300 g Rosenkohl Zitrone
1 EL Butter
½ Zitrone, Abrieb

200 g Seehasenrogen
Salz

Weiße Buttersauce:
2 Schalotten, gehackt
2 EL Weißweinessig
4 EL Weißwein
1½ dl Schlagsahne
100 g Butter
Salz und weißer Pfeffer

Die Rosenkohlröschen putzen und die äußeren Blätter abziehen. Die Röschen halbieren, in eine Schüssel legen und mit kochendem Wasser übergießen. Etwa zwei Minuten ziehen und dann abtropfen lassen. Butter in einem Topf zergehen und kurz aufschäumen lassen. Die Röschen darin wenden, dann vom Herd nehmen. Geriebene Zitronenschale beigeben.

Weiße Buttersauce:
Die Schalotten klein schneiden und in einem Topf glasig schwenken. Weißweinessig und Weißwein zugießen und bis auf 2-3 EL Flüssigkeit reduzieren. Durch ein Sieb passieren und in den Topf zurückgeben. Sahne beimengen und etwas andicken lassen. Die Butter in kleinen Würfeln beigeben und mit dem Schneebesen aufschlagen. Evtl. vom Herd nehmen, da die Soße nicht kochen darf. Mit Salz, weißem Pfeffer und evtl. Zitronensaft abschmecken.

Den Seehasenrogen mit Salz abschmecken und den sautierten Rosenkohl mit der Buttersauce und einem gehäuften Esslöffel Seehasenrogen anrichten.

SCHOLLE

– MIT ROSENKOHLBLÄTTERN, ROSMARIN UND KAPERN

Kartoffeln:
600 g kleine Kartoffeln
Salz
1 EL Koriandersamen
1 Zitrone, in Spalten

Fisch:
4 frische Schollenfilets
Roggenmehl
Salz und Pfeffer
geklärte Butter
1 Zweig Rosmarin

Soße:
äußere Blätter von 400 g Rosenkohl
2 Schalotten, gehackt
etwas Öl zum Braten
3 EL Kapern
50 g Butter
1 dl Weißwein
3 dl Fischfond
Zitronenspalten
gehackte Petersilie

Kartoffeln:
Die Kartoffeln waschen und in einen Topf mit kräftig gesalzenem Wasser und Koriandersamen geben. Aufkochen lassen und weitere fünf Minuten köcheln lassen. Dann vom Herd nehmen und etwa 20 Minuten ziehen lassen. Gelegentlich nachsehen, ob sie schon gar sind.

Fisch:
Roggenmehl mit Salz und Pfeffer vermischten und die Schollenfilets darin panieren. Die geklärte Butter in der Pfanne zergehen lassen, und die Filets darin goldbraun und knusprig braten. Vom Herd nehmen und unter Alufolie oder in einem auf 50° vorgewärmten Ofen warmhalten, bis die Soße zubereitet ist.

Soße:
Rosenkohl waschen und die äußeren Blätter abziehen. Restlichen Kohl für ein anderes Mal aufbewahren. Schalotten und Kapern hacken, die Butter klein würfeln und vorerst kaltstellen. Öl in eine Pfanne gießen und die Zwiebeln ein paar Minuten anbraten. Erst die Kapern, dann den Weißwein, zuletzt den Fischfond beigeben. Auf die Hälfte reduzieren. Die Butter unterschlagen und die Soße mit Salz, Pfeffer und evtl. Zitronensaft abschmecken. Die Rosenkohlblättchen unterrühren, bis sie Farbe annehmen. Den Fisch mit der Soße und der glatten Petersilie anrichten. Gekochte Kartoffeln und Zitronenspalten dazu reichen.

KOHL IM WANDEL DER ZEIT

– VON DEN VITAMINEN DER WIKINGER BIS HIN ZUR NEUEN, NORDISCHEN GESUNDHEIT

Kohl hatte im Laufe der Geschichte eine entscheidende Bedeutung für unsere Vorfahren. Die Vitamine des Kohls ermöglichten ihnen, im kalten Norden zu überleben, und der billige Kohl spielte bis zur Mitte des 20. Jahrhunderts eine Schlüsselrolle. Später wurde Kohl von Fleisch und Fertiggerichten verdrängt, bis er in diesem Jahrtausend im Zuge der neuen, nordischen Gesundheitswelle wiederentdeckt wurde.

Die älteste dänische Bezeichnung für Haus- und Nutzgarten lautet Kohlgarten. Das sagt so einiges über seine Bedeutung aus. Kohl ist nämlich eines der ältesten kultivierten Gemüse und gleichzeitig das einzige, das in der Vorzeit im kalten Norden verfügbar war. Daher war Kohl für unsere Existenz von ausschlaggebender Bedeutung. Bereits in der Wikingerzeit gab es eingezäunte Kohlgärten und später sogar ein Gesetz, das Fremden das Eindringen in diese untersagte. Wenn man in jenen Zeiten von Kohl sprach, meinte man Grünkohl. Grünkohl ist seit über 2000 Jahren bekannt und die Sorte Kohl, die dem wilden Kohl, von dem sämtliche Kohlsorten abstammen, am nächsten kommt. Der widerstandsfähige Grünkohl war ideal für die Kultivierung im Norden, da er Frost und Kälte verträgt und so die Menschen den Winter über mit Vitaminen versorgen konnte. Die Historikerin Else-Marie Boyhus ist der Auffassung, dass einzig der Grünkohl mit seinem hohen Vitamin-C-Gehalt unsere Vorfahren vor Skorbut bewahrt hat.

Die Welt des Kohls

Rund um den Globus wurden im Laufe der Zeit Kohlsorten in allen erdenklichen Formen und Farben gezüchtet. Viele dieser Sorten gibt es mittlerweile auch bei uns im Handel.

Beispielsweise geht man davon aus, dass Weißkohl im Mittelalter in Holland kultiviert wurde; in Dänemark wurde er erst um das 17./18. Jahrhundert bekannt, während Rosenkohl, der im 16. Jahrhundert im Umland von Brüssel angebaut wurde - deshalb auf Englisch Brussels sprouts und auf Französisch choux de Bruxelles - erst im 19. Jahrhundert nach Dänemark kam.

Brokkoli stammt aus Italien; Blumenkohl wurde wohl von den Arabern gezüchtet. Beide Kohlsorten wurden erst wesentlich später alltägliche Kost. Und frischer Brokkoli ist erst seit den 1980er Jahren in Dänemark erhältlich.

Bereits die alten Römer wussten, dass Kohl gut und gesund für den Menschen ist, ohne jedoch die einzelnen Wirkungen benennen zu können. Und dennoch hatte Kohl zu allen Zeiten ein gewaltiges Imageproblem. Vielleicht, weil er von außen betrachtet so schlicht und grob wirkt und es ihm an der Raffinesse mangelt, mit der sich andere Gemüse brüsten können.

In seinem 1883 erschienen Kochbuch 'Illustreret Koge-bog', fällte Charles Emil Hagdahl, einer der führenden Gastronomen seiner Zeit, ein vernichtendes Urteil über Kohl:

"Über diese nun seit 2000 Jahren bekannte Pflanze wissen wir jetzt, dass sie nur wenige Nährstoffe enthält, Bauchkneifen verursacht und übel riecht, aber dennoch eine der Lieblingsspeisen der Landbevölkerung ist."

Im Bürgertum herrschte eine gewisse Skepsis Kohl gegenüber, da viele ihn als Arme-Leute-Essen ansahen.

Kohl hielt sich dennoch auf den Menüs. Das macht ein Blick in die damaligen Kochbücher deutlich, in denen einige Gerichte französische Namen trugen. Eine der bekanntesten Kochbuchautorinnen jener Zeit war Louise Nimb, die nicht an den Qualitäten zweifelte, die Kohl aufzubieten hat. Im Jahr 1888 schrieb sie in 'Fru Nimbs Kogebog':

"Kohl ist vielleicht das Gemüse von allen, das bei uns die meiste Verwendung findet, da es sich in vielen verschiedenen Gerichten verwenden lässt."

Darüber war sich das Gros der Bevölkerung, in der Kohl verbreitet war, im Klaren. In den Küchen wurden Weißkohl-rouladen und Kohlsuppe zubereitet. Auch in Milch geschmorter Kohl wurde mit dem Anwachsen der Genossenschaftsbewe-gung und den damit einhergehenden, billigeren Milchprodukten immer beliebter. Und etliche Kochbücher gaben Ratschläge, wie der üble Kohlgeruch zu vermeiden wäre. Demnach sollte man ein Stück glühende Holzkohle in den kochenden Kohl stecken.

Krisen, Kriege und Lebensmittelknappheit machten Kohl im 20. Jahrhundert zu einem existenziellen Nahrungsmittel. Während des 1. und 2. Weltkrieges war Selbstversorgung aus dem Garten die Voraussetzung für das Überleben; da wurde Kohl in großem Stil angebaut. Insbesondere Grünkohl, der sich den ganzen Winter über hielt.

Das Aus für den Kohl

Ab Mitte des 20. Jahrhunderts hatte man es nicht länger nötig, Kohl zu essen. Mit steigendem Wohlstand eröffneten sich neue Möglichkeiten, die in die Abkehr von Althergebrachtem mündeten, was auch das Aus für den Kohl bedeutete. Traditionelle Gemüse wie Kohl und Sellerie wurden als bäuerliches Essen abgestempelt und hatten keinen Platz mehr in der modernen Küche, wo der Zeitaufwand zu einem wichtigen Maßstab wurde.

Stattdessen kam mehr Fleisch auf den Tisch, Konserven und Fertiggerichte machten sich in der Küche breit. Die Durchsicht der dänischen Wochenzeitschrift Femina aus den Jahren 1965-74 ergab, dass Kohl und Wurzelgemüse in nur 230 der insgesamt 3.652 analysierten Rezepte vorkam. Also in nur sechs Prozent aller Rezepte.

Zwar geben Rezepte in einem Blatt wie Femina kaum Auskunft darüber, was wirklich gegessen wurde, aber es lässt sich eine gesellschaftliche Tendenz herauslesen. Kohl war total out, und das lässt sich direkt am Verbrauch ablesen.

1955 lag der Verbrauch von Kohl dem Statistischen Institut Dänemarks zufolge bei 15,5 Kilogramm pro Jahr und Einwohner. Zehn Jahre später, also 1965, lag der Verbrauch bei 10,5 Kilogramm, und 1996 war er auf 7,2 Kilogramm gesunken. Das heißt, dass sich der Kohlverbrauch innerhalb dieses Zeitraums halbierte.

Auch wenn gleichzeitig viele neue und exotische Gemüse aufgekommen sind, gibt der fallende Verbrauch Gesundheitsexperten und Gastronomiekritikern zu denken. Die neuen, wasserhaltigen Gemüse wie Salat und Tomaten versorgen uns nicht mit denselben Nähr- und Ballaststoffen. Camilla Plum, Bäuerin, Köchin und Autorin, die durch viele Fernsehkochsendungen in Dänemark bekannt wurde, ist der Auffassung, dass der fallende Verbrauch dem schlechten Image von Kohl geschuldet ist. „Kohl riecht nach Armut, so einfach ist das. Er ist zu billig, zu gesund und zu dänisch," wie sie in ihrem Buch schreibt. Viele verbinden Kohl nämlich mit engen, stickigen Treppenhäusern, mit Vorkriegsarmut, als man Kohl aus Not und nicht aus Lust aß und ohne dass jemand ahnte, wie man ihn behandeln muss, damit er eben nicht übel riecht und schwer im Magen liegt.

Von Generation zu Generation ist auch viel Wissen verlorengegangen z. B. Rosenkohl so zu kochen, dass er keinen Geruch entwickelt. Bereits 1902 kam dieses Thema in ´Fru Constantins kogebog´ zur Sprache - aber wer erinnert sich schon an ihre Anweisung:

„*Es ist merkwürdig, dass man ihn so häufig zerkocht und ihm ein unappetitliches.Aussehen nachsagt. Die kurze Zeit, die er braucht, um gar zu werden, sollte man lieber nur ihm widmen, außer man ist eine so versierte Köchin, dass man gleichzeitig anderes erledigen kann, ohne zu vergessen, ihn rechtzeitig herauszunehmen.*“

Neue, nordische Gesundheit

Um die Jahrtausendwende ändert sich jedoch der gesell-schaftliche Status von Kohl. Vorher als unsexy, übelriechend und fade verpönt, nahmen immer mehr Köche nun Kohl in die Menüs von Nobelrestaurants auf. Auslöser hierfür war die Neue Nordische Küche, angeführt vom Gastro-Unternehmer Claus Meyer, der uns die Augen für die heimischen Nahrungsmittel öffnen will. Hier ist Kohl eine Selbstverständlichkeit, da die unterschiedlichen Sorten ganzjährig regional angebaut werden können. Im Vorfeld hatte der Koch Erwin Lauterbach die Dänen mit der nouvelle cuisine bekannt gemacht, wo Kohl - anstelle von Sahne, Butter und komplizierten Techniken-
zusammen mit anderen Gemüsen in den Mittelpunkt rückte.

Forschungsprojekte haben die positiven Gesundheits-aspekte von Kohl nachgewiesen, also ein weiteres Argument dafür, Kohl in den Einkaufskorb zu legen ist. Das Thema Gesundheit steht zurzeit hoch im Kurs, und Gesundheits-
experten, Livestyleblogger und Gastronomiekritiker tragen dazu bei, die Bedeutung von Kohl zu zementieren. Kohl ist nicht nur supergesund, sondern auch kalorienarm.

Zwar sind wir noch weit entfernt von dem Kohlverbrauch früherer Zeiten, doch die Verkaufszahlen steigen und immer mehr Verbraucher erkennen, dass Kohl kein Überbleibsel aus der Agrargesellschaft, sondern ein unverzichtbarer Teil eines gesunden, nachhaltigen Verbrauchs ohne Essensvernichtung ist. Tendenziell bewegen wir uns dahin zurück. Mag sein,
dass wir nicht wieder Wikinger-Kohlgärten ins Leben rufen können; Kohl an sich wird uns jedenfalls erhalten bleiben!

DESHALB IST KOHL SO GESUND

Kohl ist nicht nur eines der ältesten bekannten Gemüse. Er ist auch eines der gesündesten. Während Granatäpfel, Gojibeeren und Chiasamen zu sogenannten superfoods erkoren wurden und aus der ganzen Welt zu uns geflogen werden, wächst Kohl vor Ort und kann im eigenen Garten geerntet werden. Das macht deutlich, dass gesunde Produkte weder importiert noch teuer sein müssen, um erstrangig zu sein. Kohl ist für jeden erschwinglich.

Aber was macht Kohl eigentlich so gesund? Als Erstes ist erwähnenswert, dass die vielen unterschiedlichen Kohlsorten über jeweils eigene gesundheitsfördernde Eigenschaften verfügen, und dass einige davon potenter sind, als andere. Aber gleichgültig, welche Sorte Kohl Sie verzehren, ist ein Plus auf dem Gesundheitskonto unvermeidbar.

Kohl gehört zur Familie der Kreuzblütler, die sich aus über 350 Gattungen zusammensetzt. Charakteristisch für die Kreuzblütler-Familie sind die in ihr vorhandenen Bitterstoffe, die oftmals einen senfartigen Duft und Geschmack aufweisen. Auch Brunnenkresse und Meerrettich gehören dieser Familie an. Den Senfgeschmack findet man auch bei Rosenkohl und Wising, und es sind eben diese starken und bitteren Stoffe, die mit dazu beitragen, den Kohl zu einem supergesunden Gemüse zu machen. Darüber hinaus weist Kohl im Vergleich zu anderen Gemüsen eine hohe Konzentration an Vitaminen und sekundären Pflanzenstoffen auf. Gleichzeitig ist Kohl reich an Ballaststoffen, die sich günstig auf die Verdauung auswirken und gut und lange sättigen. Die beispiellosen Eigenschaften von Kohl sind durch zahlreiche Forschungsarbeiten belegt. Demzufolge punktet Kohl insbesondere in diesen drei Bereichen:

- Reich an Antioxidantien
- Entzündungshemmende Wirkung
- Enthält Senfölglycoside, die zur Krebsvorbeugung oder -hemmung beitragen

Reich an Antioxidantien

Antioxidantien sind an der Bekämpfung von umweltbedingten freien Radikalen im Körper beteiligt, wo sie sich teils schädlich auswirken und u. a. Krebs verursachen können. Freie Radikale sind z. B. auch die Moleküle, die einen Apfel „zersetzen", so dass er braun wird oder oxidiert. Freie Radikale werden in hohem Maße durch Umweltverschmutzung und –gifte sowie Zigarettenrauch verursacht, und Antioxidantien tragen dazu bei, das Unwesen der freien Radikalen zu bannen.

Grünkohl hat eine ungewöhnlich hohe Konzentration zweier Gruppen von Antioxidantien: Karotinoide und Flavonoide, die es beide mit den schädlichen freien Radikalen aufnehmen. Kein Mensch kann sich den freien Radikalen entziehen. Deshalb ist es wichtig, die Antioxidantienwerte im Körper zu stärken - und hier bietet sich Kohl als wirklich gute Quelle an.

Wirkt entzündungshemmend

Im Laufe der vergangenen Jahre ist das Interesse an chronischen Entzündungen gewachsen - also an unsichtbaren Entzündungszuständen im Körper, die unmittelbar keine Symptome hervorrufen, den Körper aber in einen permanenten Reizzustand versetzen, was auf Dauer schädlich sein kann und ihn letzten Endes verschleißt. Übergewicht, Rauchen, ungesundes Essen, Alkohol und fehlende Bewegung können zu chronischen Entzündungen führen, die auch Vorläufer von Altersdiabetes

sein können. Seit einigen Jahren ist entzündungshemmende Ernährung in den Mittelpunkt des Interesses gerückt. Auch hier spielt insbesondere Grünkohl eine wichtige Rolle bei der Bekämpfung nachteiliger Entzündungen. Sein hoher Gehalt an Vitamin K wirkt entzündungshemmend.
Das Gleiche gilt für den hohen Omega-3-Anteil in Kohl. Wenn man ihn - wie früher üblich - zusammen mit Hering und Roggenbrot isst, hat man die perfekte Mahlzeit zur Entzündungshemmung.

Beugt Krebs vor

Kohl enthält die einzigartigen Senfölglycoside. Bei deren Verstoffwechselung wirken sie sich günstig auf die Minderung des Risikos aus, an unterschiedlichen Krebsarten zu erkranken. Ganz besonders die bitteren Kohlsorten, wie z. B. Rosenkohl, wirken krebshemmend.

Studien am Menschen haben ergeben, dass drei bis fünf Portionen Kohl pro Woche das Risiko, an Prostatakrebs zu erkranken, um 40 Prozent senkt und dass bei einer bis zwei Portionen täglich das Risiko Darmkrebs zu bekommen um bis zu 50 Prozent fällt. Die Senfölglycoside sind darüber hinaus an der Entgiftung des Körpers beteiligt und tragen zu einem gesunden Hormonhaushalt bei.

Weitere Vorteile

Kohl hat auch den positiven Effekt, das Risiko von Herz-Kreislauf-Erkrankungen herabzusetzen und sich darüber hinaus förderlich auf die Verdauung auszuwirken, das Cholesterin senkt und schließlich durch seinen hohen Anteil an Ballaststoffen gut sättigt, was eine Stabilisierung des Gewichts begünstigen kann. Generell stärkt es das Immunsystem, da es den Körper mit reichlich Vitaminen und Ballaststoffen in Gleichgewicht hält.

Kohl war früher moch gesünder

Im Laufe der Zeit wurden Selektionen und Veredelungen am Kohl vorgenommen, sodass die Kohlsorten, die wir heute in den Läden finden, süßer und weniger bitter sind als früher. Der Grund hierfür ist in der Industrialisierung der Nahrungsmittelproduktion zu suchen, deren Ziel es war, die Vorliebe der Verbraucher für milde und süßliche Gemüse auszuloten.

Nur leider ging während dieses Prozesses auch ein entscheidender Gesundheitseffekt verloren, wie ein groß angelegtes Forschungsprojekt der Universität von Aarhus nachweist. In dieser hat ein großes Forscherteam die alten Sorten untersucht, die mit Samen aus der Nordischen Genbank gezüchtet wurden. Dabei handelt es sich also um Sorten, die heutzutage weder angebaut noch verkauft werden und die sich durch einen kräftigeren und wesentlich herberen Geschmack auszeichnen. Eine Analyse dieser alten Kohlsorten zeigt, dass der kräftige und bittere Geschmack sie deutlich gesünder macht, da sich die gesundheitsfördernden Stoffe sozusagen in eben jenem bitteren und herben Geschmack befinden.

Die Forscher untersuchten ebenfalls, wie sehr sich die alten Gemüsesorten auf den Menschen auswirken. Einer Gruppe von Nordjütländern, die alle unter Altersdiabetes litten, wurde der tägliche Verzehr von 500 g Kohl und Wurzelgemüsen der alten, bitteren Sorten verordnet. Gleichzeitig erhielt eine Kontrollgruppe ihr übliches Essen und eine weitere Gruppe aß täglich 500 g gewöhnliches Gemüse. Die Wirkung des Verzehrs von alten, bitteren Sorten überraschte den Forscher und Leiter der Studie, Per Bendix Jeppesen. Das Ergebnis wies eine markante Senkung des Cholesterinspiegels, Gewichtsabnahme, niedrigere Blutfettwerte sowie eine deutlich verbesserte Insulinsensitivität auf. Die Werte einiger der Teilnehmer lagen nach dem zwölf wöchigen Verlauf fast auf Normalniveau, sodass ihnen in Wirklichkeit kein Altersdiabetes mehr diagnostiziert werden konnte. Der Gesundheitszustand der Personen, die die alten, bitteren Sorten erhalten hatten, hatte sich im Vergleich zu den Vergleichsgruppen stark verbessert.

Daraus lässt sich schließen, dass die alten Kohlsorten eindeutig mehr Power besaßen, um den Körper gesund und fit zu halten. Zwar gibt es diese alten Sorten nicht zu kaufen, doch auf dem Hof Knivhold Hovedgaard in Nordjütland hat man - angeregt durch diesen Versuch - ein Projekt in Gang gesetzt, bei dem alte Gemüsesorten, hierunter Kohl, mit der Absicht angebaut wurden, sie auch wieder auf den Markt zu bringen.

Mehr zu dem Versuch finden Sie auf Dänisch unter http://maxveg-undervisning.dk/

DIE WICHTIGEN INHALTSSTOFFE VON KOHL

Senfölglycoside
Kohl enthält Bitterstoffe, die auch als sekundäre Pflanzenstoffe bekannt sind, hierunter auch die Senfölglycoside. Bei ihrer Verstoffwechselung bildet sich unter anderem Sulforaphan, das sich im Versuch als Krebsschutz erwies. Je kräftiger und bitterer der Kohl im Geschmack ist, desto stärker sind seine gesundheitsfördernden Eigenschaften.

Flavonoide
Auch bekannt als vegetabile Antioxidantien, die Früchten und Gemüsen ihre wohlbekannte Farbe verleihen. Sie schützen vor Herz-Kreislauf-Erkrankungen und Krebs und sind in hohen Konzentrationen in Kohl enthalten. Bislang hat die Forschung über 45 unterschiedliche Flavonoide in Kohl identifiziert.

Vitamin C
Kohl hat einen so hohen Vitamin-C-Gehalt, dass er den von Zitrusfrüchten übersteigt. So kann ein Brokkoli-Strunk doppelt so viel Vitamin C enthalten wie Orangen und Zitronen, Grünkohl bringt es gar auf dreimal so viel. Vitamin C ist ein effektives Antioxidans.

Sonstige Vitamine
Der Vitamin-K-Gehalt von Kohl ist enorm. Forschungen haben dem Vitamin eine entzündungshemmende Wirkung bescheinigt. Darüber hinaus enthält Kohl mehrere Formen von Vitamin B, die ansonsten schwer zu finden sind.

Lernen Sie den bitteren Geschmack schätzen-
Kohl hat einen charakteristischen Geschmack, der sowohl kräftig als auch bitter sein kann. Und je bitterer der Kohl, desto gesünder ist er. Von daher ist es paradox, ausgerechnet die bittere Note abzulehnen. Das geht aus der Promotion von Tove Kjær Beck hervor, in der sie unter anderem die Verbrauchsgewohnheiten von 1.080 Personen untersuchte. Den meisten Kohl verbraucht die Altersgruppe von 50+, während der wenigste von junger Menschen zwischen 18 und 34 Jahren verbraucht wird. Das ist gleichzeitig die Gruppe, die am allerwenigsten von Kohl hält - und das gibt Anlass zur Sorge. Wenn junge Menschen keinen Kohl essen mögen, ist es weniger wahrscheinlich, dass sie ihn essen werden, wenn sie älter werden.

Das Forschungsprojekt zeigt auch, dass unsere Gene darüber entscheiden, wie wir den bitteren Geschmack erleben. Die Sensitivität der Einzelnen gegenüber bitterem Geschmack ist sehr unterschiedlich. Fakt ist, dass einige Menschen eine Vorliebe für Bitteres haben, während andere sich von ihr direkt abgestoßen fühlen.

Über die Zubereitung lässt sich der bittere Geschmack übertünchen, und wie bei Kaffee, der ebenfalls bitter ist, ist es eine Frage der Gewohnheit. Kaffeetrinken muss erst gelernt werden-und auf gleiche Art kann man sich dazu bringen, die bittere Note von Kohl lieben zu lernen. Beispielsweise, indem man mit den milderen Kohlsorten anfängt und sich langsam auf der Bitterkeitsskala nach oben isst. Im Augenblick untersuchen Forscher, ob es machbar ist, Kohlsorten zu züchten, die über die guten Eigenschaften der Bitterstoffe verfügen, ohne dass der bittere Geschmack allzu deutlich hervortritt.

TIPPS UND KNIFFE

Gutes Werkzeug ist das A & O

Kohl zu verarbeiten ist eine Herausforderung an sich. Ein Kohlkopf ist groß und schwer und erfordert Kräfte bei der Verarbeitung. Aber sind die augenscheinlichen Hürden erst einmal überwunden, lohnt sich Kohl allemal. Legen Sie also Wert auf gute Werkzeuge. Eine Mandoline, mit der der Kohl in feine Streifen geschnitten werden kann, ist unverzichtbar für jeden, der ein gutes Verhältnis zu Kohl pflegen möchte.

Machen Sie große Portionen

Schneiden Sie immer gleich eine große Portion. Kohl zu schneiden ist arbeitsintensiv. Darum verarbeite ich jedes Mal gleich eine große Portion, wenn ich schon einmal dabei bin. Den Kohl, den ich nicht direkt verzehre, bewahre ich - evtl. mit Zitronensaft oder Cidre-Essig beträufelt - in einer abgedeckten Schüssel im Kühlschrank auf. So hält er sich über mehrere Tage und macht es leicht, schnell mal einen Salat zu zaubern.

Richtig aufbewahren:

Richtig gelagert hält sich Kohl über unfassbar lange Zeit. Die optimale Temperatur beträgt um die 0°. Im Winter lässt er sich also problemlos im Freien aufbewahren, beispielsweise in einer Styroporbox, die ihn vor Frost schützt.
Im Kühlschrank hält sich Kohl am besten in einer Gefriertüte verpackt. Vor allem darf Kohl nicht zu warm gelagert werden. Brokkoli, der bei Zimmertemperatur aufbewahrt wird, droht nach sieben Tagen der Verlust von bis zu

50 Prozent seines Vitamin-C-Gehalts. Bei 1° gelagert, sind es im gleichen Zeitraum bis zu 20 Prozent. Diesem Verlust kann man jedoch teilweise entgegenwirken, wenn man den Brokkoli in Plastik verpackt. Aber generell sollte Brokkoli so erntefrisch wie möglich verspeist werden.

Saisonbewusst essen
Es gibt unzählige Kohlsorten und meine Empfehlung lautet, saisonbewusst das zu essen, was in der Region angebaut wird. So wird das Essen nicht nur vielfältiger, sondern Sie essen gleichzeitig den besonders vitaminhaltigen saisonalen Kohl. Wie alles andere Gemüse gibt es Kohl in Bio-Qualität und als konventionell gezüchtete Ware. Konventioneller Kohl kann Pestizidreste enthalten, die unter dem Verdacht stehen, äußerst schädlich zu sein. Um dies zu vermeiden, lautet die Empfehlung, Bio-Kohl zu kaufen oder zumindest Kohl aus Ländern mit einer strengen Pestizidgesetzgebung, z. B. aus Dänemark.

Gerucharm kochen:
Kohl lässt sich in alles verwandeln: von einer verfeinerten Speise bis hin zu ungenießbarem Essen. Dabei ist, was Kohl betrifft, zu langes Kochen die Todsünde Nr. 1. Mit ihm einher geht der üble Geruch; der Kohl wird zu einer einzigen Pampe und verliert jegliche Konsistenz, darüber hinaus werden ihm seine Vitamine entzogen. Darum ist es essentiell zu lernen, wie lange beispielsweise Rosenkohl oder Brokkoli bauchen, um gar zu sein. Einen Ausweg bietet das Dämpfen, Kurzbraten oder Grillen von Kohl, was verhindert, dass er völlig verkocht und ungenießbar wird.

LITERATURLISTE

Bach, Vibe: Sundhedsfremmende egenskaber ved kål, Frugt & Grønt, Marts 2014

Boyhus, Else-Marie: Grøntsager – en køkkenhistorie, Gyldendal, 1996

Gastronomisk Leksikon, Nyt Nordisk Forlag, Arnold Busck

Just, Flemming und Strand, Mathias: Kål, køkken og kulturhistorie – om anvendelse af grøntsager i det danske køkken cirka 1790-2010, Landbohistorisk Tidsskrift 2012:1

Olesen, Anemette: Kålkogebogen, Høst & Søn, 1987

Pedersen, Kirsten Marie und Jensen, Kirsten: Kål og madkultur, elevhæfte, DM i madkamp 2015, Madkulturen, University College Lillebælt – Forskning og Innovation, Mad, krop og læring i samarbejde med Madkulturen.

Plum, Camilla: Kål – Camillas køkkenhave, People's Press, 2012

The World's Healthies Foods: What's New and Beneficial About Kale, Whfoods.com

BILDREFERENZEN

Seite 22: Mikkel Adsbøl

Seite 42: Stine Skovdal

Seite 62: Thomas Grøndahl

Seite 82: Bjarni B. Jacobsen

Seite 102: Columbus Leth

Seite 122: Andreas Wiking

Seite 142: Stine Heilmann

Seite 165: Line Thit Klein

Seite 215: Anna Mølbak Seidelin

Seite 8, 184-186, 191-192, 197-198, 202-203:
Rishi Sæther Larsen, Happy Living

Alle übrigen Fotos in diesem Buch:
Klein & Co, Chris Tonnesen.

STICHWORTREGISTER

A

B

C

D

E

F

T

V

W

Z

MEIN DANK GILT

Hanne Muusmann dafür, dass sie meine Begeisterung für Kohl teilt und dieses Buch herausgeben wollte. Mit der Realisierung dieses Projekts ist endlich ein Traum in Erfüllung gegangen.

Chris Tonnesen, Klein & Co, für die tolle Zusammenarbeit im Fotostudio - und für die herrlichen Bilder.

Allen, die zu dem Projekt beigetragen haben, sei es mit einem Interview, Input, Kommentaren oder beim Verkosten. Mein besonderer Dank gilt Tove Kjær Beck, Majbritt Louring Engell, Per Bendix Jeppesen, Martin Kreutzer und Mathias Strand für das Lesen und Kommentieren des fachbezogenen Teils.

Meiner fantastischen Tochter Anna, die mich während der Shootings unterstützt hat und das Foto geschossen hat, das hier auf der gegenüberliegenden Seite zu sehen ist. Matias, Carl Valdemar und Anna – Ihr bedeutet mir alles und wart eine unentbehrliche Stütze und sehr ausdauernde Kohlesser.

Mein besonderer Dank gilt:

Nemlig.com für das Sponsoring von im Buch verwendeten Zutaten.

House Doctor sowie Nuance für das Ausleihen der Regie

Philips für das Ausleihen eines Foodprocessors Kunst & Køkkentøj für das Ausleihen der Schneideutensilien,

Anna Lise und Gunnar Sørensen dafür, dass sie Kohl außerhalb der Saison geliefert haben.

ÜBER DIE AUTORIN

Mette Mølbak (1978) ist Gourmetkritikerin, Kochbuchautorin und Redakteurin. Schon als Kind drehte sich bei ihr alles ums Essen und das ist bis heute ihre Leidenschaft geblieben - Kochen, Essen und über Essen schreiben. Sie arbeitet als Redakteurin der Livestyle-Sektion Spis&Bo bei der Zeitung Politiken und war über viele Jahre hinweg als Gourmetkritikerin bei der Frauenzeitschrift ALT for damerne tätig.

Außer "Kohl – 57 gesunde, knackige und leckere Rezepte aus Dänemark", hat sie das Kochbuch "Mad til 2 dage" geschrieben, das unter dem Titel "2-Tage-Küche" auch in Deutschland erschienen ist.

Sie lebt mit ihrem Mann und ihren beiden Kindern in Kopenhagen.